Van maet ?.

STATISTIQUE

DU DÉPARTEMENT

DES BASSES-PYRÉNÉES;

PAR LE GÉNÉRAL **SERVIEZ**, PRÉFET.

PUBLIÉE PAR ORDRE DU MINISTRE DE L'INTÉRIEUR.

A PARIS,

DE L'IMPRIMERIE DES SOURDS-MUETS;

ET SE VEND

Chez
  - LE CLERE, Impr.–Libr., quai des Augustins, n°. 39;
  - HENRICHS, Libraire, rue de la Loi, n°. 288;
  - TREUTTEL et WURTZ, Libr., quai Voltaire.

AN X.

On trouve chez les mêmes Libraires la
Statistique des Départemens suivans :

STATISTIQUE

DU DÉPARTEMENT

DES BASSES-PYRÉNÉES.

PREMIÈRE PARTIE.

ARTICLE PREMIER.

GÉOGRAPHIE.

Ce département est borné au nord par celui des Landes; au sud, par les Monts-Pyrénées, qui le séparent de l'Espagne; à l'est, par le département des Hautes-Pyrénées, et à l'ouest, par l'Océan.

Dénomination du département; sa position; son étymologie.

Son nom vient de sa position à l'extrémité occidentale des Pyrénées, dont la

Basses-Pyrénées.   A.

chaîne commence ou sort de l'Océan à quelque distance de Saint-Jean-de-Luz, et se perd dans la Méditerranée, près le fort Saint-Elme, dans le département des Pyrénées-Orientales.

Pays qu'il renferme.

L'étymologie du mot *Pyrénées* vient de la langue grecque, qui veut dire *feu*, soit que ces monts orgueilleux soient souvent frappés de la foudre, soit, comme le dit Diodore de Sicile, que les pasteurs ayant mis autrefois le feu aux forêts qui les couvraient, ils aient été entièrement embrasés dans la partie qui nous avoisine. Strabon rapporte en effet que les Pyrénées étaient couvertes et verdoyantes du côté de l'Espagne, mais dépouillées du côté de la Gaule.

Ce département est situé entre les 15°. 45^m. et 17°. 35^m. de longitude ; et 42°. 45^m. et 43°. 30^m. de latitude septentrionale.

Leur étendue.

La ci-devant souveraineté du Béarn, la Soule, la Navarre, le Labour (trois divi-

sions du pays basque français), et une partie de la Chalosse et de l'élection des Landes, forment son territoire.

Sa longueur de l'est à l'ouest, depuis Cas-
tède (canton de Montaner) jusqu'à Hen-
daye, est de 75,000 toises ou de 146,120
mètres, ou enfin de 14ᵉ. 612; sa largeur, du
nord au sud, depuis Sault - de - Navailles
(canton d'Orthez) jusques à Peyrenère,
sur l'extrême frontière, canton d'Acous,
est de 45,000 toises, ou de 87,678 mètres,
ou 8ᵉ. 7,678.

Sa superficie est de 7,202,598,695 mètres
carrés. Elle est distribuée entre les pays qui
composent le département, de la manière
suivante :

	hec.	
Souveraineté de Béarn . .	418,663	7,435.
Le pays de Soule.	121,738	1,818.
La Basse-Navarre	78,896	3,527.
Le Labour	72,414	4,014.
La partie de la Chalosse et de l'élection des Landes, ensemble	28,547	1,901.
	720,259	8,695.

Vices de sa division.

L'idée de diviser la France en départemens, sans avoir aucun égard aux anciens rapports des différens pays entre eux, fut une conception à la fois heureuse et profonde. C'étoit le seul moyen de détruire jusqu'aux dernières traces de la féodalité, de faire disparaître l'ancienne bigarrure, qui présentait l'assemblage informe de plusieurs États dans un seul, et de rendre homogènes toutes les parties d'un tout. Cette grande mesure n'a pas eu néanmoins toute l'utilité qu'on devait en attendre, parce que la division de la République ne fut pas opérée d'après sa population et son étendue, seules bases qui devaient la diriger. Des considérations particulières, des influences locales, des erreurs topographiques, ont introduit des irrégularités dans ce travail, et ont rendu imparfaites les cases de ce grand échiquier. Le Gouvernement ne manquera pas de rectifier tout ce qui est défectueux. Nous allons indiquer les irrégularités qui se sont glissées dans la division de ce département.

1°. A l'est, il est pénétré par une lisière appartenant au département des Hautes-Pyrénées, qui se prolonge, du sud au nord, d'environ 3 myriamètres en longueur, sur environ 2 kilomètres de largeur ; en sorte que les communes qui se trouvent à droite et à gauche, ne peuvent communiquer qu'en traversant celles d'un département étranger.

Pour remédier à cet inconvénient, il faudrait faire partir la nouvelle ligne de démarcation du village de Lamarque, situé près de Pontac, en suivant le ruisseau Gabas et les communes de Villepinte, Bentayou et Séré, jusqu'à celle de Loubix, où passe un ruisseau qui va rejoindre les limites des deux départemens.

2°. Au nord, la ligne de démarcation n'est pas moins défectueuse. Le département des Landes coupe la route de Pau à Bayonne, à environ 12 kilomètres d'Orthez ; il se prolonge au delà des Gaves de Pau et Oleron, et pénètre dans celui des Basses-Pyrénées jusqu'à l'Adour. Une grande partie des habitans du département ne peut communiquer avec Bayonne, qui en est la cité la plus importante, qu'en traversant le territoire de celui des Landes, sur une étendue d'environ 40 kilomètres. Un second changement devient donc nécessaire dans cette partie. Il consisterait à donner pour limites aux deux départemens, la grande route depuis le point où elle entre dans celui des Landes, jusqu'à la ville de Bayonne, à laquelle on pourrait réunir le bourg du Saint-Esprit, qui n'en est séparé que par l'Adour. Ces deux communes, par leur situation et leurs rapports de commerce, n'auraient dû jamais en faire qu'une.

Sa population.

D'après le dénombrement fait en l'an 8, par ordre du Ministre de l'Intérieur, la population du département est ainsi divisée :

1er. Arrondissement.	93,326.
2e.	63,728.
3e.	58,546.
4e.	67,947.
5e.	72,026.
Population du département. .	355,573.

_____

ARTICLE II.

Arrondissemens et Chefs-Lieux.

Le département des Basses-Pyrénées est divisé en cinq arrondissemens ou sous-préfectures, dont les chefs-lieux sont : Pau, Oleron, Mauléon, Bayonne et Orthez. Il renferme 664 communes, dont nous allons faire connaître les principales.

Pau, chef-lieu du département, ville bien bâtie, bien percée, et très-agréablement située, a une population d'environ 9,000 habitans. Elle est le siége de la préfecture, des tribunaux d'appel, criminel, de première instance et de commerce, ainsi que de l'école centrale.

Cette ville est très-peu ancienne ; elle doit son origine aux pasteurs de la vallée d'Ossau. Ceux-ci ayant planté des pieux dans le voisinage du Gave, soit pour en désigner le gué, soit pour marquer l'endroit où ils devaient faire paître leurs troupeaux, comme le plus commode et le plus fertile en herbes, y bâtirent depuis quelques cabanes, lesquelles ont été le commencement de la ville, qui a retenu le nom de *Pau*, du vieux mot *Peaux*, pluriel de *Pal*. Elle s'accrut depuis par le séjour qu'y firent les princes de Béarn ; ils y bâtirent un château et y fixèrent postérieurement leur domicile : elle devint dans la suite leur capitale. Cette cité prenait un essor considérable vers les dernières années de la monarchie. Plusieurs maisons à moitié bâties, et abandonnées aujourd'hui, des projets d'embellissement, dont on ne parle plus, des places imparfaites, et qui défigurent les quartiers de leur emplacement, la diminution de sa population, tout, en un mot, atteste ses pertes, et le besoin qu'elle a de fixer les regards du Gouvernement.

C'est la patrie du grand Henri, qui était autrefois l'orgueil des Béarnais. On y conservait avec un respect religieux la chambre où il était né, et le cabinet de sa mère, ainsi que son berceau; mais l'une est devenue une caserne, et l'autre a été brûlée pendant les fureurs révolutionnaires. Le château où ce prince fit son premier séjour, ainsi qu'une partie du parc où il prenait le plaisir de la chasse, existent encore. Ce dernier monument bien conservé, est situé à l'extrémité sud-ouest de la ville, sur une hauteur, au pied de laquelle coule le Gave, et d'où l'on aperçoit une vallée délicieuse arrosée par cette rivière, qui y fait d'immenses contours de l'est à l'ouest. Elle est terminée au sud par les riches et charmans coteaux de Gelos, de Jurançon et de Gan, qui s'élèvent en amphithéâtres variés, et laissent apercevoir une grande quantité de maisons de campagne ; elle est bornée à l'extrémité de l'horizon par la masse magnifique et imposante des Pyrénées, où le pic du midi se fait remarquer par sa forme et sa hauteur, au-dessus des montagnes voisines. A l'autre extrémité de la commune est l'école centrale, remarquable par sa situation agréable, par l'étendue de ses bâtimens et par celle de son enclos.

Il y a sur le Gave un beau pont de sept arches; des promenades variées et très-agréables environnent la ville, à laquelle aboutissent sept grandes routes.

Pau a encore donné naissance à Gaston de Foix, au duc de Nemours, à Henri d'Albret, et à Jeanne, reine de Navarre, princes qui ont illustré la famille des souverains du Béarn; à Marca, au père Pardies, et au maréchal de Gassion.

Lescar, petite ville à l'ouest, et à 3 kilomètres de Pau, a une population de 1,700 âmes. Elle était le chef-lieu du diocèse, et possédait une communauté de Barnabites qui y desservait un beau collége. Les biens qui en dépendaient ont tous été vendus, à l'exception de la maison, qui est occupée depuis quelques années par une manufacture d'étoffes en coton à la façon anglaise. Pour ôter à cet établissement, précieux par la perfection de ses mécaniques ingénieuses, l'instabilité où il se trouve, il conviendrait d'accueillir la proposition que font les sociétaires d'acquérir le bâtiment. Il ne peut être question de rétablir le collége : sa proximité de l'école centrale le rendrait superflu et sans objet.

Nay, autre petite ville au sud-est, et à 9 kilomètres de distance de Pau, est assise sur le Gave, et termine la plaine fertile et

agréable qui la sépare du chef-lieu. Sa population est de 2,376 habitans. Cette commune, l'une des plus industrieuses du département, renferme plusieurs manufactures
de drap et autres objets d'un grand usage,
nommément de petits bonnets ronds, qui
sont la base de la coiffure des Orientaux,
chez lesquels on en fait un grand débit.

Le château de Coarraze, où Henri IV
fut élevé, est dans son voisinage, et sur la
même direction du sud-est. Nay est la patrie d'Abadie, célèbre métaphysicien.

Morlaas, situé au nord-est, et à 5 kilomètres de Pau, renferme 1,624 habitans.
C'était anciennement la capitale du Béarn,
et le siége de l'hôtel des monnaies de ses souverains.

Les autres communes les plus considérables du premier arrondissement, sont Pontac, où il existe une fabrique d'étoffes communes en laine; Gan et Jurançon, renommés par leurs vins; Lembège et Garlin.

Second Arrondissement.

Oleron, chef-lieu du second arrondissement, est une cité très-ancienne: c'est la
même que les Romains appelaient Iluro,
dont on a fait par corruption Elero, Oloro.

Elle fut détruite au huitième siècle par
les Normands, et rebâtie par les princes du
Béarn, qui y appelèrent des familles arra-
gonaises pour la repeupler. Son voisinage de
l'Espagne, ses mœurs, ses alliances, ses relations, tout, en un mot, concourt à conserver à ses habitans les nuances de leur origine. Elle a une population de 5,500 habitans; elle est située sur le Gave, qui porte
son nom, et à peu de distance des Pyrénées;
elle est le siége du tribunal de première instance, et possède un hospice, ainsi qu'un
assez grand nombre d'ateliers d'étoffes communes en laine.

Sainte-Marie, au sud d'Oleron, peuplée
de 2,455 habitans, n'en est séparée que par
le Gave, et peut être regardée comme ne
faisant, avec cette commune, qu'une seule
et même ville. Sainte-Marie était le siége de

l'évêché d'Oleron : elle possédait un collége, un séminaire, et une maison de charité pour l'éducation des jeunes filles, orphelines ou indigentes. Ce dernier établissement existe encore, quoique ses revenus se trouvent très-diminués. La réunion de ces deux communes est impérieusement réclamée par des intérêts politiques et locaux.

Moncin, au nord-ouest, et à 15 kilomètres d'Oleron, a une population de 5,159 habitans. Son territoire produit d'excellens vins.

Arudy, au sud-est, et à 20 kilomètres d'Oleron, et sur le gave de ce nom, est une petite ville moins considérable par sa population, qui n'est que de 1,635 habitans, que parce qu'elle est le centre d'une grande partie du commerce qui se fait avec les vallées voisines. C'est dans son marohé, qui est considérable, que leurs habitans, aussi pasteurs qu'agricoles, viennent échanger leurs laines, leurs bestiaux et leurs autres productions, avec des grains et d'autres denrées de première nécessité dont ils sont dépourvus.

Laruns, à 3o kilomètres d'Oleron, est aussi une petite commune peuplée de 1,375 habitans, située au pied des Pyrénées, entre les Eaux-Chaudes et les Eaux-Bonnes. Elle est le point central où vont aboutir ceux qui fréquentent ces sources salutaires et si justement renommées ; elle est exposée aux torrens qui l'enseveliront peut-être un jour sous les ruines des lavanges : elle possède un établissement maritime pour les mâtures.

Troisième Arrondissement.

Mauléon, chef-lieu du troisième arrondissement, était, avant la révolution, la capitale d'un petit pays appelé *la Soule*.

Ce fut là que les Vascons ou Basques formèrent leur premier établissement lorsqu'ils franchirent leurs montagnes ; c'est là qu'ils signalèrent leur bravoure, et qu'ils acquirent le droit d'établissement en France par la mémorable victoire qu'ils remportèrent sur le duc François Arimbert, que le roi Dagobert avait envoyé contre eux. Ce général y perdit ses troupes et la vie, en 635.

Cette cité, assise sur la petite rivière ou gave, appelé *Saizon*, se trouve dans une agréable vallée. Sa population n'est que d'environ 1,000 habitans : elle possède la sous-préfecture, un hospice civil, et regrette toujours le tribunal dont elle a été privée. Il semblait lui appartenir, autant par sa qualité de chef-lieu, qu'en dédommagement des pertes qu'elle a éprouvées. Son collége, dont les revenus étaient une fondation placée sur l'État, est resté sans activité par la cessation des paiemens. Tout l'arrondissement réclame ce moyen d'instruction, et l'extrême différence de l'idiome basque avec la langue française, rend la reprise de ses exercices très-urgente. Henri Sponde, évêque de Pamiers, continuateur des Annales de Baronius, a pris naissance dans cette cité.

Saint-Palais est encore une petite ville peuplée de 747 habitans, sur la Bidouze, au nord-ouest de Mauléon. C'était la capitale de la ci-devant Basse-Navarre et le siége de la sénéchaussée de ce nom : elle l'est aujourd'hui du tribunal de l'arrondissement.

Saint-Jean-Pied-de-Port , sur la Nive, au nord-ouest de Mauléon, a une population de 1,200 habitans : elle est sur la frontière, au pied des Pyrénées , et avec une citadelle qui lui sert de boulevard.

Quatrième Arrondissement.

Bayonne, chef-lieu du quatrième arrondissement, siége d'un tribunal civil et d'un conseil de commerce , au confluent de la Nive et de l'Adour, à environ 8 kilomètres de la mer.

C'est une ville intéressante par sa position avantageuse, par son commerce, par sa population de 13,190 habitans, et par l'active industrie de ses marins. Les antiquaires ne s'accordent pas entièrement sur l'étymologie de son nom ; mais l'opinion la plus probable et la plus accréditée, est qu'il vient de deux mots de la langue basque, c'est-à-dire, de *Baia*, qui veut dire *Baie*, et *Ona*, qui signifie *Bonne*, *Baie-bonne*, d'où est dérivé *Bayonne*.

Ce

Ce sont ses habitans qui, les premiers, ont fait la pêche de la baleine dans les mers du Groenland, et celle de la morue au banc de Terre-Neuve. Comme port de mer, cette ville est l'entrepôt naturel de tous les objets de commerce entre la Navarre, l'Arragon et les départemens limitrophes de la France : on en tire d'excellens matelots pour la marine militaire. Comme place forte, Bayonne est le boulevard le plus assuré de cette partie de nos frontières. Elle a une bonne citadelle construite par Vauban ; elle a donné son nom à cette arme terrible qui a tant de fois décidé la victoire en faveur de nos armées.

Cette ville avait un commerce très-florissant, lorsque des priviléges particuliers lui donnaient une espèce de franchise. Le régime des douanes y ayant été introduit, le commerce y tomba presque entièrement. Le port ayant recouvré ses franchises en 1784, cette mesure eut le plus prompt effet, et lui redonna toute sa prospérité.

Si l'on pouvait détruire la barre qui rend si difficile l'entrée et la sortie du port, rendre l'Adour et le gave de Pau navigables dans une grande partie de leur cours, cons-

Basses-Pyrénées. B

truire enfin le canal projeté au Pont-
Long, et joindre l'Adour à la Garonne,
Bayonne deviendrait une des places de
commerce les plus importantes de l'Europe. Cette ville a un très-beau pont en bois,
qui fait sa communication avec le Saint-Esprit, bourg auquel elle devrait être réunie.
Verger-de-Hauranne, connu sous le nom
d'*abbé de Saint - Cyran*, y a pris naissance.

Saint-Jean-de-Luz est un autre port qui
serait propre à recevoir et mettre à l'abri
des coups de mer les vaisseaux de ligne, si
l'on reprenait les travaux entrepris depuis
1783 jusqu'en 1788. Ils avaient encore pour
objet de préserver la ville elle-même de
la destruction prochaine dont elle est menacée. Le port est défendu par les forts de
Soccoa et de Sainte-Barbe. Il serait important pour la République, d'avoir un
port pour la marine militaire sur ce point
de la côte ; son voisinage avec l'Espagne le
réclame autant que sa grande distance des
autres ports militaires. Cette ville renferme
2,553 habitans, marins en grande partie :
leur principal moyen d'existence est la pê-

che ; avant la guerre, ils faisaient avec succès celle de la morue.

Les autres communes principales du quatrième arrondissement, sont Ustarits, qui
fut autrefois chef-lieu du district, moins à
cause de son importance, que de sa centra-
lité ; et Andaye, ville frontière, renommée
par ses eaux-de-vie.

Orthez, sur le gave de Pau, chef-lieu du
cinquième arrondissement, était connu, au
neuvième siècle, sous le nom latin d'*Hor-
thesium* ; ce qui détruit l'étymologie popu-
laire qu'on lui donne, *Hort-es*, qui signifie,
en langue béarnaise, *tu es fort*.

Au reste, les amateurs de l'antiquité ai-
meront autant ce qu'en dit Froissard, que
cette brillante signification. Cet historien,
qui vint visiter Orthez comme on visite aujourd'hui Paris et Londres, s'exprime ainsi :
« Tout, brièvement considéré, j'avais été
» en moult cours de rois, de princes, de
» hautes dames avant que je vinsse à Or-
» tais ; mais je ne fus oncques en nulle qui
» mieux me plût, ni ne vis ailleurs qui fus-
» sent, sur le fait d'armes, plus réjouis que
» le lieu où était le comte de Foix. On

» voyait en la salle, en la chambre, en la
» cour, chevaliers et écuyers d'honneur,
» aller et marcher; et les oyait-on parler
» d'armes et d'amour ».

Cette ville a une population de 6,738 habitans; elle est le siége de la sous-préfecture, du tribunal de première instance; elle
possède un hospice civil, et est très-indus-
trieuse. Il s'y fait un commerce actif, principalement en cuirs et en jambons du pays.
La célèbre reine Jeanne, qui y avait fondé
une université protestante, y rendit le cal-
vinisme dominant. Cette cité perdit depuis
ses établissemens publics; mais elle s'en est
dédommagée par son commerce et son industrie.

Sallies, au sud-ouest, et à 7 kilomètres
d'Orthez, renferme 6,205 habitans. Elle tire
son nom de la fontaine salée qu'elle possède, et qui est exploitée au profit de ses
habitans. Le sel de cette fontaine précieuse
est aussi remarquable par son extrême blancheur, que recherché par sa qualité: on lui
doit la réputation des jambons du pays, im-
proprement appelés *jambons de Bayonne*.

Sauveterre, au sud-ouest, et à 10 kilomètres d'Orthez, est agréablement située sur le gave d'Oleron. Sa population est de 1,186 habitans. Elle était, avant la révolution, le siége de la sénéchaussée de ce nom.

Navarrinx, au sud-est d'Orthez, sur le gave d'Oleron, est une petite place forte, peuplée de 1,186 habitans. Des campagnes agréables et fertiles l'entourent. Elle a donné son nom à une espèce de chevaux réputés dans la cavalerie légère, mais dont la race est aujourd'hui tout à fait abâtardie.

ARTICLE III.

Routes.

Le département est percé par plusieurs grandes routes. Les principales sont celles, 1°. de Paris en Espagne, par Bayonne; 2°. de Bayonne à Toulouse, par Orthez et Pau; 3°. de Bordeaux en Espagne, par Mont-de-Marsan, Orthez, Sallies, Sauveterre et Saint-Jean-Pied-de-Port; 4°. de Bordeaux à Barège, par Aire, Pau, Nay et Lourde : 5°. de Tarbes à Sauveterre, par Nay, Oleron et Navarrinx; 6°. de Pan à Auch, par Morlaas, Lambeye et Maubourguet ; 7°. de Pau aux Eaux-Chaudes, par Rebenac et Laruns. Elles attestent les soins, le zèle éclairé, et l'amour du bien public qui caractérisaient l'intendant d'Etigny. Ce digne magistrat ne trouva, à son arrivée dans ce pays reculé, que des chemins vicinaux qui rendaient les communications extrêmement difficiles, et paralysaient le commerce et l'industrie. Il leur substitua les routes qu'on y voit aujourd'hui. Sa mémoire se perpétuera dans cette contrée, qui se ressentira long-temps de ses bienfaits.

Les routes se trouvent particulièrement détériorées dans ce département, et parce qu'elles ont été abandonnées pendant plusieurs années, comme partout ailleurs, et parce qu'elles ont été abîmées par les transports de l'armée des Pyrénées-Occidentales. S'il n'a pas été possible de les remettre spontanément dans leur état primitif, au moins plusieurs de celles comprises dans la nomenclature des routes à la charge de l'État, ont été sensiblement améliorées. Il en existe à la vérité quelques autres très-nécessaires, et auxquelles il n'a été fait aucune réparation, parce qu'elles ne se trouvent point dans cet état, et elles sont restées dans le plus grand délabrement. Il est urgent de prévenir leur entière destruction par de promptes réparations, soit en les remettant à la charge de l'État, soit en adoptant toute autre mesure efficace. Leur conservation intéresse essentiellement le commerce, l'industrie et la prospérité du département.

L'intérêt public exige la continuation de la route de Paris à Madrid par Pau, Oleron et la vallée d'Aspe. Cette route, projetée par l'intendant d'Etigny, et construite jusqu'à Urdos, ne laisse que 5 kilomètres à exécuter pour être poussée jusqu'à l'extrême frontière. Elle serait moins longue de 10 myriamètres que celle établie par Bayonne, et donnerait au commerce du département un nouveau degré de prospérité en lui ouvrant un nouveau débouché. Pour atteindre ce but, il serait nécessaire que le gouvernement espagnol fît, de son côté, continuer la route jusqu'à Peyrenère.

Il serait encore essentiel d'établir le relais

de poste sur la route de Bagnères par Lourde, cette voie étant beaucoup plus courte.

L'humanité réclame depuis long-temps l'ouverture d'une autre route de Laruns aux Eaux-Bonnes, et cet intérêt majeur se trouve lié à celui du département. Les frais ne peuvent être considérables, puisqu'il ne s'agit que d'environ 4 kilomètres de construction.

ARTICLE IV.

Rivières qui arrosent le département.

1°. L'Adour a sa source dans le département des Hautes-Pyrénées, et arrose Bagnères et Tarbes dans ce département ; Aire, Saint-Sever-Cap et Dax, dans celui des Landes. Il entre dans celui des Basses-Pyrénées près de Guiche, passe à Bayonne, qu'il sépare du Saint-Esprit, et se jette dans la mer près d'Anglet, à environ 8 kilomètres au-dessous de Bayonne.

Cette rivière est navigable depuis sa jonction avec la Douze, dans le département des

Landes : si on la joignait à la Garonne , Bayonne serait l'une des extrémités de la communication fluviale la plus étendue de la République, en supposant aussi la réunion de la Garonne avec les autres fleuves. La jonction de l'Adour avec la Garonne peut s'opérer par le moyen de la Gélise, du Rimber, de l'Estampon et de la Douze. Le plan en a été dressé par les ingénieurs Clavaux et Charreton, et examiné par les citoyens Péronet, Bremontier, Robert et Lafitte. De nombreux intérêts en réclament l'exécution.

2°. Le gave de Pau a une origine brillante. Il commence par la superbe cascade de Gavarnie, qui se précipite d'une hauteur de 1,200 pieds ou de 389 mètres dans les Hautes-Pyrénées, traverse une partie de ce département, où il reçoit successivement plusieurs autres gaves, arrose celui des Basses-Pyrénées, se réunit au gave d'Oleron au-dessous de Sordes, et se jette dans l'Adour, 5 kilomètres au-dessous de ce point de jonction des deux gaves, où il commence à être navigable. Il y a quatre ponts en pierre sur la partie de cette rivière qui traverse le département, un à Betharram, un à Coarraze, un à Pau, et le dernier à Orthez. Il en existe encore un en bois à Nay; mais l'intérêt public en réclame un plus solide.

On a vainement essayé de la rendre navigable jusqu'à Orthez : on pourrait du moins la rendre flottable et hallable jusqu'à Lourde, environ 11 myriamètres au-dessus de son confluent avec l'Adour. Les travaux, pour ce dernier objet, favoriseraient l'exploitation et le transport des marbres, des ardoises, des bois et des pierres à bâtir, dont abonde cette partie des Pyrénées.

3°. Le gave d'Oleron a sa source dans les montagnes du département, et se joint au gave de Pau, entre Sordes et Peyrehorade. Il est navigable depuis cette jonction, et flottable depuis le port d'Estos, un peu au-dessous d'Oleron. Lorsque l'exploitation des mâtures de la vallée était en activité, la flottaison commençait au port d'Alax; mais depuis que cette exploitation a cessé, les ouvrages qu'on y avait faits se sont détruits, et le lit du gave s'est encombré de rochers.

4°. La rivière Saizon, ou gave de Mauléon, commence son cours aux ports des passages de Sainte-Engrace et Larrau, dans les Pyrénées françaises. Elle passe à Mauléon et à Hautevielle, et elle est flottable depuis cette dernière commune, à 2 kilomètres environ au-dessus de son embouchure avec le gave d'Oleron près Sauveterre.

5°. La Nive descend des Pyrénées espagnoles. Elle est navigable depuis Cambo, 15 kilomètres au-dessus de son confluent. La marée y est sensible, ainsi que dans l'Adour. On pourrait la rendre flottable et hallable à Saint-Jean-Pied-de-Port, 5 myriamètres au-dessus de son confluent, et par conséquent 3 myriamètres au-dessus du point où elle commence à être navigable. Elle se jette dans l'Adour à Bayonne.

6°. La Bidouze prend sa source dans l'arrondissement de Mauléon, passe à Saint-Palais, capitale de la Basse-Navarre, à Came, à Bidache et à Guiche, où elle se joint à l'Adour. Il y a sur cette rivière deux ponts de pierre, l'un à Saint-Palais, et l'autre à Bidache. Elle est navigable depuis Came, au moyen de la marée, environ 2 myriamètres au-dessus de son confluent.

L'on pourrait la rendre flottable et hallable jusqu'à Saint-Palais, environ 8 kilomètres plus haut.

7°. La Bidassoa descend des Pyrénées espagnoles, forme la limite entre la France et l'Espagne, passe par Biriatou et Andaye, et mêle ses eaux avec celles de l'Océan, entre cette dernière commune et Fontarabie, place forte d'Espagne sur la rive gauche. Elle est navigable depuis Biriatou, et n'est guère fréquentée que par les pêcheurs des deux nations. Pendant la guerre avec l'Espagne, on a construit un pont en bois sur cette rivière: il y existe encore.

8°. La Nivelle, ou *Cusdas-Soury*, a sa source près l'abbaye d'Urdach en Espagne: elle passe à Saint-Pé sous deux ponts de bois, à Ascain sous un autre pont, à Serres et à Saint-Jean-de-Luz, où l'on trouve deux autres ponts en bois, dont l'un a été construit pendant la guerre. C'est dans cette dernière commune que la Nivelle a son embouchure dans l'Océan ; elle est navigable en remontant jusqu'à Ascain, à la faveur de la marée, et pourrait le devenir jusqu'à Saint-Pé.

9°. Laran prend naissance sur le territoire de Hellette, arrondissement de Mauléon, où il porte le nom de *Lamboury*, passe à Urt, où il se jette dans l'Adour. La marée, qui y remonte à un myriamètre et demi, le rend flottable depuis le territoire de Labastide.

10°. L'Ardanabia, ou *Ardanivia*, a son origine dans la lande de Hasparren, arrondissement de Bayonne, passe à Urcuit, canton de Mouguerre, où la marée remonte. Les habitans d'Urcuit et de quelques autres communes voisines, naviguent sur l'Ardanabia avec de petits bateaux plats, longs et étroits, qu'on nomme *chalans*. Leur forme est commandée par la nécessité de se garantir du heurt des arbres penchés sur le lit du ruisseau dans toute l'étendue de son cours. Il eût été plus simple d'abattre ces arbres. L'Ardanabia se marie avec l'Adour.

11°. Le Leuy sort des marais du Pont-Long, près des Bordes-d'Espœy, arrondissement de Pau, et après s'être grossi dans son cours de plusieurs petits ruisseaux, il se jette dans l'Adour près de Dax, département des Landes. Il est moins important dans son état actuel qu'il ne peut le devenir un jour : ce changement serait l'effet du canal projeté depuis si long-temps, et dont nous avons parlé plus haut. L'intérêt du département, dont la prospérité s'accroîtrait en raison décuple de ce qu'elle est aujourd'hui, autant que celui des départemens voisins, en réclament également l'exécution.

———————

SECONDE PARTIE.

Du territoire du département, de ses productions, et des moyens de les accroître.

ARTICLE PREMIER.

TERRITOIRE.

Beauté et diversité des sites.

Le territoire de ce département, un des plus variés de la République, présente les points de vue les plus agréables et les plus diversifiés. Bordé d'un côté par les Pyrénées, baigné de l'autre par l'Océan, il se trouve coupé dans sa partie méridionale par différens ordres de colline, qui se prolongent plus ou moins sous différens angles. Il réunit des parages maritimes, des montagnes cou-

ronnées de bois, des coteaux couverts de
vignobles, de riches et populeuses vallées,
fécondées par les matières que les eaux entraînent des Pyrénées, des plaines fertiles,
arrosées par les gaves. Par un contraste
frappant, il renferme aussi des landes incultes et sauvages, dont l'aspect annonce
le peu de progrès de l'agriculture, ainsi que
le défaut de lumière et d'émulation sur cet
art nourricier. Une bizarrerie non moins
choquante a fait cultiver les coteaux, tandis que des plaines très-étendues, et qu'on
pourrait rendre fertiles, sont incultes. Les
collines qui avoisinent les montagnes, sont
pour la plupart composées de bancs de
pierres calcaires; la partie la plus rappro-
chée de la mer, ne présente en général que
des sables et du gravier; les plaines et les
vallées sont principalement couvertes de
terres argileuses et marneuses : la qualité de
celles du département peut se diviser en
trois classes.

La première est légère et productive; elle
n'exige ni travaux de force, ni beaucoup
d'engrais : elle ne peut néanmoins être com-
parée qu'à la seconde qualité de celles des

fertiles

fertiles contrées de la France. La seconde, considérée sous le même rapport, ne peut tout au plus appartenir qu'à la troisième qualité. Elle est froide et spongieuse ; les sels qu'elle contient étant sans cesse précipités par les eaux qu'elle pompe, il faut, pour lui rendre sa fertilité, et des travaux soutenus, et considérablement d'engrais. La troisième est maigre, sèche et graveleuse ; quelques essais infructueux pour la mettre en culture, ne laissent d'autre espoir que de la convertir en bois, ou de la laisser en fougères.

ARTICLE II.

PRODUCTIONS.

Grains, fourrages, vins.

Dans les plaines et dans les vallons, ce département produit du froment, du seigle, de l'orge, de l'avoine, beaucoup de maïs, du millet, des foins, et du lin très-doux et

Basses-Pyrénées.   C

très-fin , dont on fait les belles toiles dites
de *Béarn*. Il produit sur les coteaux des vins
exquis, nommément ceux appelés de Jurançon, Gan, etc.

Arbres.

Tous les arbres qui croissent en France,
se trouvent dans le département; les peu-
pliers , les châtaigniers et les chênes y sont
les plus communs : ces derniers y viennent
surtout avec une facilité surprenante.

Les montagnes fournissent du bois de
toute espèce , entre autres des sapins super-
bes et des pins d'une prodigieuse hauteur:
elles offrent de précieuses ressources pour les
constructions maritimes du port de Bayonne.
Sur quelques-unes de ces montagnes , ainsi
que sur la crête maigre et infertile des coteaux qui en sont les plus voisins , croît
spontanément une espèce de chêne connu
sous le nom de *tauzy*, et qu'on ne trouve
décrit , ni dans les ouvrages de *Linné*, ni
dans ceux de *Tournefort*. Ce chêne réussit
parfaitement dans les terres sablonneuses;
son écorce fournit le meilleur tan pour la

préparation des cuirs, et son gland, quoique petit, est excellent pour la nourriture des cochons; il a beaucoup d'aubier, mais son bois, plus dur que celui des autres espèces de chêne, est préférable au *rouvre*, pour le chauffage. Enfin il produit des noix de galle assez grosses, que quelques observateurs prétendent pouvoir remplacer utilement celles du Levant.

On cultive avec succès dans le pays de Labour des pommiers, dont on fait une assez grande quantité de cidre. On en exportait autrefois sur les côtes de la Bretagne et de l'Espagne, et on en employait pour les expéditions de Terre-Neuve; il ne sert aujourd'hui qu'à la consommation du pays.

Quadrupèdes.

L'intendant d'Etigny, qui embrassait tous les objets d'intérêt public, fit venir des beliers d'Estramadure pour croiser les races. Cet essai produisit quelques améliorations; mais les moutons du département n'ont encore qu'une laine peu abondante et très-commune. Cette partie, qui tient à la fois au

C 2

commerce et à l'industrie, a été trop négligée. Les montagnes, et une partie des vallées, leur fournissent de gras pâturages pendant l'été ; mais lorsqu'elles commencent à être couvertes de neige, le défaut d'approvisionement en fourrages oblige les pasteurs de conduire leurs troupeaux sur le Pont-Long. Ils ne peuvent rester long-temps dans cette plaine aride , et en partie marécageuse ; c'est dans les landes de Bordeaux qu'ils vont attendre le retour de la belle saison, pour aller retrouver ensuite une meilleure nourriture.

Les vaches sont en général plus petites, et donnent moins de lait que celles de la vallée de Campan (Hautes-Pyrénées). Celles qui avoisinent la *Navarre*, n'en donnent pas du tout, sans que le veau soit présent ou qu'il ait commencé à téter : semblables aux vaches des Hottentots, qui, au rapport de quelques voyageurs , ne se laissent traire qu'après que le nourrisson a sucé un peu de lait.

Les haras étaient autrefois un objet extrêmement important de l'économie rurale. Les

chevaux très-estimés, connus sous le nom
de *Navarrinx*, y étaient fort communs : leur
réputation attirait aux foires de Béarn une
foule de marchands étrangers, d'officiers de
dragons et de hussards. L'espèce et la tournure de ces chevaux les rendaient en effet plus
propres à l'arme de la cavalerie légère, et les
faisaient préférer aux remontes de toutes les
autres contrées. Les États ne versaient rien
dans la caisse générale des haras, et n'en reti-
raient aucun secours. Ils imposaient chaque
année une somme de 4,000 francs pour cette
partie de l'administration, indépendamment
des étalons particuliers que les communes
achetaient et entretenaient à leurs frais.

Une observation importante et nouvellement faite dans les environs de Pau, sur les
maladies vénériennes des chevaux, mérite
de trouver place ici. Plusieurs jumens se
sont trouvées attaquées d'écoulemens puru-
lens, et certains chevaux couverts de pustu-
les fort grosses. Ces animaux non-traités ont
fini par maigrir singulièrement ; leur corps
n'a bientôt présenté qu'une croûte galeuse,
exhalant une odeur infecte, et ils ont fini par
périr : ceux au contraire qui ont été traités

par les remèdes appropriés, ont radicalement
guéri.

Gibier à poil.

Le lièvre, le lapin, ainsi que le gros gibier, sont assez communs dans ce département. Le chevreuil et le sanglier sont chas-
sés dans les grandes forêts ; l'isard ne fré-
quente que les montagnes inaccessibles et
couvertes de neige ; mais il succombe sous
les piéges et les efforts des paysans. Les loups
se font voir trop souvent dans les campagnes ; on en tue quelquefois d'une énorme
grosseur. Comme ils sont rarement l'objet
des poursuites du chasseur ordinaire, on regrette que la prime accordée pour chaque
tète de ces animaux nuisibles ne soit pas
payée. L'ours solitaire ne se retire guère que
dans les monts sauvages de Gabas, hérissés de
sombres forêts de sapins.

Gibier à plume.

Les plaines et les bois abondent de toute
espèce de gibier à plume. Les coteaux de
Gan et de Jurançon sont couverts, surtout

au temps des vendanges, de quantité de gri-
ves fort estimées; les bons raisins dont elles se
nourrissent pendant l'automne, les rendent
extrêmement délicates. Lorsque les arbres se
dépouillent de leurs feuilles, des nuées de
palombes, que les rigueurs des frimats obli-
gent de quitter le nord, longent la chaîne
des Pyrénées, pour aller chercher une température plus douce, en traversant ses gor-
ges dans la partie la moins élevée. Un nombre prodigieux tombe dans les piéges que
leur tendent les habitans, en présence d'une
infinité de curieux, que cette chasse aussi
singulière qu'amusante y attire. Les ortolans
si exquis et si renommés, sont assez communs : on en envoie à Paris pendant les gelées ; mais ils perdent de leur goût par le
transport.

Poissons.

La côte de Bayonne et de Saint-Jean-de-
Luz fournit toutes sortes de poissons. On
y pêche des louvines, des turbots, des thons,
des lamproies, des sardines. Le saumon,
attiré par l'eau de l'Adour, remonte cette
rivière, et vient se mêler aux excellentes

truites qu'on trouve dans les eaux rapides et pierreuses du gave.

Minéraux.

Les Pyrénées recèlent dans leur sein d'immenses richesses minérales, accumulées par la nature, et qui doivent être considérées comme un produit important du territoire du département. On va parler de celles qui ont été découvertes jusqu'à ce jour.

Les environs de Saint-Jean-Pied-de-Port ont offert quelques échantillons de mines d'argent : leurs produits n'ont probablement pas été avantageux, puisque l'exploitation n'en a pas été suivie.

La mine de cuivre de Baigorry, à en juger par quelques médailles qui y ont été trouvées, et sur l'une desquelles on lit les noms des triumvirs Octave, Antoine et Lepide, a été exploitée par les Romains. En 1728, *Beugnierre-de-Latour*, suisse, reprit les travaux dès long-temps abandonnés. On obtenait, en 1756, d'après le rapport de Hellot, environ 215,200 livres de cuivre rosette, ou de cuivre purifié, par an. Le

produit brut, à raison de 22 la livre, était
donc de 225,960 fr. qui, déduction faite de
138,865 fr. pour frais d'exploitation, donnent
un revenu annuel de 87,095 liv. Un quintal
de minerai produit presqu'un quart de cuivre
noir, ou très-près d'un cinquième de cuivre
rosette. Cet utile établissement, où 389 personnes trouvaient leur subsistance, a été
détruit par la dernière guerre avec l'Espagne;
il est à désirer qu'il reprenne son activité.

Galabin (qui a donné son nom aux pièces
d'un sol ainsi appelé en patois), ouvrit des
mines de cuivre dans la vallée d'Aspe, en
1722, et établit à Bedous une fonderie, un
laminoir à flancs, et des magasins qu'il augmenta jusqu'en 1725. Cette entreprise, qui
a été renouvelée par différentes personnes,
n'a pas obtenu un heureux succès.

Talabère, d'Auch, a commencé à exploiter d'autres mines de cuivre, qui se trouvent
dans la partie méridionale de la même vallée;
mais ses établissemens ont été détruits par
les Espagnols.

Il existe encore dans la vallée d'Ossau,
des mines de cuivre qui furent ouvertes en
1739, et qui ont été abandonnées. Les mon-

tagnes de cette vallée renferment une mine de plomb, qui a été exploitée à diverses reprises : elle rendait 5o pour 100; on ne pouvait y travailler que trois mois de l'année, à cause des neiges.

Outre la mine de cuivre dont nous avons parlé plus haut, on trouve dans les montagnes de Baigorry une mine de fer *spathique*, que les Allemands, à cause de son excellente qualité, appellent *mine d'acier*. Il y avait une forge et une fonderie, que le défaut de bois a fait abandonner depuis long-temps. La nature, qui ne laisse rien d'imparfait, n'aurait-elle pas placé à portée quelque mine de charbon de terre, qui remplace si avantageusement cette denrée de première nécessité ?

La mine de fer Baburet, sur la montagne du même nom, fournit aux forges *d'Arthez-d'Asson* et de *Louvie* : la première est située dans la vallée *d'Asson*; la seconde, dans celle de *Lavedan*. On parvient horizontalement à cette mine, extrêmement abondante, et exploitée depuis un temps immémorial, par une galerie de 443 mètres, taillée dans le roc vif, à hauteur d'homme.

Le minerai, qui est une espèce d'hématite ; donne à peu près un tiers de fer, qu'on allonge ensuite en barres, en tringles ou en rondins, par deux marteaux de 80 myriagrammes chacun. Ces deux forges, les plus considérables du département, occupent environ 500 ouvriers.

La vallée d'Ossau, si libéralement partagée par la nature, possède deux forges ; l'une à *Izale*, l'autre à *Béon*. On en trouve une autre à l'extrémité de la vallée d'Aspe, près le village d'Urdos, et une autre enfin dans l'arrondissement de Mauléon, au village de **Larrau.**

Marbres.

Les montagnes renferment, en outre, beaucoup de matières précieuses ; le marbre gris s'aperçoit dans presque toutes les parties de la chaîne qui borde ce département : le *granit*, que naguère on croyait particulier à l'Egypte, se trouve dans quelques montagnes de la vallée d'Ossau. Ses masses énormes permettraient d'en extraire des blocs aussi grands que celui qui forme le piédestal

de la statue du czar Pierre, quoiqu'il pèse
156,528 myriagrammes.

Il y a près de Louvie, dans la même vallée, un marbre blanc et transparent, propre
à faire des statues, et toute espèce de meu-
bles et d'ornemens. Sa surface a une légère
teinte grise ; mais il est probable que l'intérieur de cette carrière est d'une qualité supérieure. Près du village d'Aigun, on trouve
plusieurs espèces de marbres ; on y distingue
le violet, le vert, le blanc et rouge, et le
violet varié. L'école centrale en possède un
échantillon d'une qualité aussi rare que cu-
rieuse ; il est à petits rubans blancs et à
larges raies violettes, mêlées de lignes noires :
on assure qu'il en existe une carrière dans le
département.

On a découvert récemment, dans la vallée d'Aspe, une carrière d'albâtre d'une éclatante beauté, dont les minéralogistes qui ont
visité les Pyrénées, n'ont pas parlé : elle
vient de faire l'objet d'un rapport particulier au Ministre de l'Intérieur. L'abbé
Palasson, dont le département s'honore,
n'en fait aucune mention dans son *Essai
sur la Minéralogie des Pyrénées* ; mais il

y indique les motifs qui ont borné ses recherches dans cette partie: « Les obstacles que les
» végétaux opposent à la curiosité du natu-
» raliste , dit-il , sont fréquens dans la val-
» lée d'Aspe. Les montagnes qui la bordent
» abondent en hêtres, et particulièrement en
» buis ».

Il est possible d'ouvrir des carrières d'une
pierre plus précieuse que les marbres, et que
l'abbé Palassou nomme *ophite*. Elle est
nuancée de vert clair et de vert obscur ; elle
étincelle avec l'acier, et ressemble, par l'extérieur , à la serpentine. Elle est extrêmement dure , et remplacerait , dans nos édifi-
ces , l'ophite et le porphyre vert , que les
Grecs et les Romains recherchaient avec tant
d'empressement et de curiosité.

On a découvert sur le territoire d'Orthez
une mine de *soufre* ; et , près de Laruns,
une mine de *cobalt*, dont il a été adressé un
échantillon au Conseil des Mines.

Le département possède encore un grand
nombre de carrières d'ardoises : on en trouve
plusieurs dans les montagnes d'Aspe et d'Ossau, d'une nature argileuse et d'une qualité
supérieure. A Bidache , à Rebenac et ail-

leurs, les pierres à bâtir sont très-commu-
nes; enfin, le gave roule une espèce de cail-
lou, qui forme, avec le mortier, des murs
de toute solidité, et qu'on emploie généralement dans tout ce pays.

Eaux minérales et thermales.

Les sources minérales sont une suite des
richesses dont nous venons de faire le tableau, et en font partie. Ce département en a
un grand nombre, parmi lesquelles on remarque celles de la vallée d'Ossau.

Au pied d'un monticule composé de pierres calcaires, jaillissent plusieurs sources
très-voisines les unes des autres, et qui cependant ont différens degrés de chaleur; elles
sont connues sous le nom d'*Eaux-Bonnes*.
Elles exhalent une odeur de foie de soufre,
et l'infusion de la noix de galle n'occasionne
pas la teinte noire qui indique la présence
du fer. A une lieue et demie des Eaux-
Bonnes, dans une gorge étroite où les montagnes s'élèvent majestueusement, on trouve
les *Eaux-Chaudes*, qui sortent du granit.
Elles diffèrent autant des premières par leur

chaleur que par leur application : aussi pensons-nous, quoique ce ne soit pas l'avis de l'abbé Palassou, qu'elles doivent contenir d'autres substances. Presque tous les médecins, même quelques chimistes, le pensent de même. La réputation des unes et des autres s'accroît chaque jour par les merveilleux effets qu'elles produisent ; les Eaux-Bonnes, surtout, prises dans le principe, passent pour spécifique dans les maladies de poitrine. L'on a tout lieu de croire qu'elles peuvent obtenir autant de célébrité que celles de Barège.

On trouve encore dans la commune de Cambo, à trois lieues de Bayonne, deux sources d'eaux thermales : leur renommée est peu étendue, et elles ne sont guère fréquentées que par des personnes des environs, qui y vont en foule pendant l'automne. Il en est de même de plusieurs sources pareilles qui existent dans d'autres communes, nommément dans les environs d'Oleron, de Gan, etc. ; mais elles nous paraissent trop peu importantes pour fixer l'attention.

Il existe dans la commune de *Sallies* une fontaine considérable, dont l'eau, changée

par l'évaporation en sel d'une blancheur
éblouissante, forme pour les habitans un
revenu important. Cette source salée n'est
pas la seule que possède le département :
on en trouve dans les montagnes qui avoisinent Saint-Jean-Pied-de-Port, et, depuis
fort peu de temps, on vient d'en découvrir
une dans le village de *Camou* (arrondissement de Mauléon), sur laquelle il a *été fait*
un rapport au Ministre de l'Intérieur. On
n'a pu jusqu'à ce moment, à raison de diverses circonstances, en faire l'analise exacte;
mais on s'en occupe, et l'on pense qu'elle
offrira des résultats satisfaisans.

ARTICLE III.

MOYENS D'ACCROÎTRE LES PRODUCTIONS.

Insuffisance du blé.

Il est avéré que le blé récolté dans le
département ne suffit pas pour le nourrir
pendant six mois. Sans doute la proximité
des

des montagnes, la fréquence des orages, les fortes gelées et les variations subites de l'atmosphère, contribuent infiniment à diminuer les récoltes; cependant, si la culture y était suivie et perfectionnée, comme elle l'est partout ailleurs, on pourrait en avoir un excédant.

Le déficit actuel se comble par le superflu des départemens voisins : quelquefois on a recours à l'Espagne, et, en temps de paix, on reçoit des chargemens du Nord. L'ingratitude du sol est la moindre cause de cette insuffisance. La nature, comme une mère tendre, fournit partout de quoi satisfaire aux besoins de ses enfans ; mais il faut savoir provoquer sa fécondité. Ici, plus qu'ailleurs, le cultivateur, trop éloigné de la capitale et des grandes communes, qui sont le foyer des connaissances utiles et des moyens de déraciner les abus, se borne à sa routine, et sacrifie à ses habitudes et à ses préjugés les améliorations des fertiles contrées où l'agriculture est une science.

L'administration locale doit présenter ses
vues au Gouvernement : cet article est consacré à remplir cette tâche, en attendant que
le conseil d'agriculture, arts et commerce,
qui va être établi, puisse influer d'une manière plus efficace sur les progrès de l'a-
griculture.

Le premier et le plus important moyen
d'amélioration, sans doute, est le défrichement du *Pont-Long*, et d'une quantité d'autres terrains excellens, condamnés à la stérilité, sous le vain prétexte du besoin de
pacage.

Le Pont-Long est une vaste plaine d'environ douze lieues de long, sur une, et quelquefois une lieue et demie de large, couverte de bruyères et de fougères. C'est moins
à la nature du sol qu'est dû son état actuel,
qu'à l'irrégularité d'une possession dont l'o-
rigine se perd dans la nuit des temps. On ne
connaît aujourd'hui que les titres, qui, en
conservant les droits de co-usage à trente-
deux communes qui sont assises dans la
plaine, en maintiennent la propriété à la
vallée d'Ossau, qui en est séparée par environ cinq lieues. Ses habitans en sont

trop éloignés pour qu'ils aient pensé à la cultiver ou à la rendre utile : eussent-ils voulu tenter cette louable entreprise, les trente-deux communes co-usagères leur auraient sans doute contesté le droit de changer la nature de ses productions : tant l'intérêt public est soumis aux combinaisons de l'intérêt particulier !

Il n'est donc pas étonnant que la vallée, d'ailleurs composée de plusieurs villages, divisés d'opinion et d'intérêt, se soit bornée à y envoyer quelques bestiaux (dont le nombre a beaucoup diminué depuis quelque temps), et que les trente-deux communes qui environnent la plaine n'en aient retiré que des engrais. De là le préjugé funeste qui s'est formé contre la fécondité du sol, et qui en a empêché jusqu'à ce jour le défrichement. Il est cependant impérieux que le Gouvernement tranche les difficultés, et oblige de cultiver un terrain trop long-temps condamné à la stérilité : les vœux de tous les hommes éclairés se réunissent sur cet objet d'intérêt public et de première nécessité pour le département. Il sera présenté au Ministre un Mémoire particulier à ce sujet.

Les marnières qu'on trouve à Bilhère et
à Lons, font conjecturer qu'en creusant des
puits dans le Pont-Long, on pénétrerait jusqu'à des lits de marnes recouverts probablement par les débris des Pyrénées qui ont
formé ces plaines. Ces marnes, si tant est
qu'elles soient nécessaires pour fertiliser des
terres neuves, et qui ont l'apparence des terres
les plus productives, y provoqueraient, surtout dans le principe, d'excellentes récoltes.
Le canal de navigation, qui a fait le sujet
d'un Mémoire particulier, une fois exécuté,
porterait partout la fécondité, l'émulation
et l'industrie; il substituerait à ses marais
incultes et à ses landes arides, des champs
fertiles et d'immenses prairies.

La culture des pommes de terre, des len-
tilles, des fèves et des différentes espèces de
pois, qui, depuis quelques années, a fait
tant de progrès dans les parties du septen-
trion et du milieu de la France, est encore
presque inconnue dans ce département. L'accroissement de ces productions suppléerait
en partie au déficit du froment ou à ses
mauvaises récoltes; il ferait jouir les habitans de cette contrée des mêmes avantages

qu'en retirent celles du nord. Que les propriétaires le veuillent, qu'ils entendent mieux leurs intérêts, et une grande étendue de terrains vierges n'exigera de long temps aucun engrais, et leur donnera plusieurs récoltes successives de ces légumes. La nourriture en est excellente, l'usage très-étendu, et ils exigent peu de travaux.

On pourrait y semer aussi les plantes fourragères, dont ce département est dépourvu, et dont tous les essais ont donné néanmoins des résultats avantageux. Parmi les graminées, nous avons le *ray-grass*, si estimé en Angleterre; la *houque laineuse*, la *houque avenacée*, la *houque molle*, la *flouve odorante*, très-salutaire aux bestiaux; plusieurs fétuques, etc. Parmi les légumineuses, le trèfle des prés, celui des Alpes, le trèfle rampant, et plusieurs autres espèces; la luzerne polimorphe, la luzerne lupuline, etc., etc.

Ces plantes pourraient être utilement employées à former des prairies artificielles. Les cultivateurs devraient encore en couvrir leurs guérets : sans nuire aux récoltes subséquentes des grains, elles leur en pro-

cureraient une très-abondante en fourrages,
et préviendraient les disettes qu'on éprouve
pendant l'hiver. On pourrait encore adopter
ici, avec quelques modifications, le plan des
fermes expérimentales, qui avait été pro-
posé au Gouvernement. L'école centrale possède un enclos très-vaste, et qui réunit tout
ce qui est propre à l'exécution d'un pareil
projet. Les professeurs, amis du bien, se livreraient eux-mêmes à des expériences utiles
sur les nouvelles cultures, en feraient sentir
tous les avantages aux agriculteurs, et leur
enseigneraient à les varier suivant les différentes natures du sol. A la curiosité qu'exciterait cet établissement, succéderait l'émulation, et les plus obstinés renonceraient
bientôt à leurs antiques erreurs. Cette entreprise n'exigerait que quelques avances en
argent, et une modique somme qui y serait
affectée chaque année.

Le citoyen Laclède, ancien maître particulier des eaux et forêts, aussi recommman-
dable par ses connaissances qu'intéressant
par ses malheurs, obtint des succès dans le
défrichement d'une partie du Pont-Long, qui
attestent quels avantages on en retirerait,

si l'on se décidait enfin à le cultiver. L'ancien Gouvernement lui accorda, il y a environ trente ans, un terrain national, appelé *Bois de Lousse*, enclavé dans cette vaste plaine. Il divisa ce terrain en six cantons qu'il commença à mettre en valeur : le premier surtout fut l'objet de ses soins particuliers. Il y construisit une belle maison, fit des plantations considérables, ouvrit des canaux de dessèchement, établit des digues et des aquéducs, forma des prairies étendues, et ensemença des champs vastes. Des travaux constans et des dépenses énormes changèrent entièrement ce sol, jadis si stérile en apparence, et procurèrent enfin au citoyen Laclède un domaine très-considérable. Il commençait à jouir du fruit de sa constance et de ses travaux, lorsqu'aux approches de la révolution, les paysans, guidés par quelques méchans, se portèrent en foule dans sa propriété, forts du prétexte que la concession qu'il en avait obtenue, les privait d'un pacage auquel ils disaient avoir droit. Ils détruisirent ses bâtimens, coupèrent ses bois, et dévastèrent entièrement cette propriété, qui coûtait au concessionnaire des efforts si soutenus et la plus grande partie de sa fortune. Il poursuit aujourd'hui devant les tribunaux sa réintégration, et réclame des dommages et intérêts qui ne balanceront jamais les pertes qu'il a éprouvées.

En revenant au sujet qui a amené cet épisode, on peut croire, sans craindre de trop hasarder, qu'à mesure que la population et les besoins des habitans des montagnes se sont accrus, ils sont descendus dans la plaine, y ont fait des défrichemens ; les champs qui avoisinent le Pont-Long, en sont en partie des portions qu'ils ont arrachées à la stérilité. On trouve des exemples peu anciens qui appuient cette assertion : des lisières qui naguère appartenaient à cette plaine, se couvrent maintenant chaque année de riches moissons. On ne doit pas croire néanmoins qu'elle soit partout également féconde, et propre aux mêmes productions ; mais il serait aussi facile qu'avantageux de planter les endroits les plus stériles, en les consacrant à la dépaissance. Le manque de bois semble même en faire une nécessité, et les chênes épars qui y viennent d'eux-mêmes et sans aucun soin, prouvent que les tauzy et les autres espèces y réussiraient parfaitement.

On cultiverait encore avec succès une plante que les Espagnols ont apportée du Pérou, qu'ils nomment *cacahouëté*, et que les botanistes désignent sous le nom d'*arachis* ou *arachidna - hypogea*. Elle produit une graine dont on extrait une huile excellente : les essais qu'on en a faits dans le département des Landes, sont très - satisfaisans. Cette plante produirait les mêmes avantages et procurerait les mêmes ressources dans celui-ci : ses habitans doivent l'ajouter à ses productions, et s'empresser de profiter de ce moyen précieux pour remplacer l'olivier que la nature leur a refusé.

Il existe encore, entre Anglet et Bayonne, un marais d'environ trois cens arpens, qu'il faudrait, comme le Pont-Long, dessécher et mettre en valeur.

Un trop grand nombre de biens communaux portent aussi un coup funeste à l'agriculture : plusieurs communes lui dérobent un terrain précieux dont elles ne retirent pas l'utilité qu'on peut en attendre, puisque les impositions absorbent le produit des fougères qui y croissent. Ce serait donc également servir l'intérêt public et celui des communes, que d'auto iser le partage des communaux, ou d'en permettre la vente. Il est nécessaire aussi de recommander le parcage, si usité dans plusieurs départemens, et inconnu dans celui-ci. Ce serait un moyen de plus de féconder les terres, d'accroître les productions, et peut-être même de bonifier les laines.

Plantations d'arbres.

Les ressources que les forêts offraient à la marine militaire et marchande, aux usines et aux manufactures, ont sensiblement diminué. Les montagnes se dépouillent, et leur cime dépourvue de bois, n'absorbant plus les eaux, celles-ci glissent sur une surface nue qu'elles sillonnent. Elles se réunissent ensuite en grandes masses, acquièrent une force considérable par leur chute accélérée, entraînent tout ce qu'elles rencontrent, et finissent par causer les plus grands ravages. On est d'ailleurs généralement convenu de l'influence des forêts sur l'atmosphère; en sorte que l'agriculture, le commerce, les manufactures et la salubrité se réunissent pour prescrire de les repeupler promptement. Que de nombreuses plantations couvrent donc les montagnes, et les endroits qui se refusent à toute autre végétation, et qu'une active surveillance assure le succès de cette mesure!

Animaux.

L'infériorité de nos laines exige des améliorations : des beliers espagnols, répartis dans les vallées d'*Ossau*, d'*Aspe*, de *Baretous* et dans le pays basque, donneraient des produits supérieurs. L'établissement des manufactures de beaux draps, dans ce pays où les eaux conviennent parfaitement pour le dégraissage et la teinture, exciterait l'émulation des propriétaires. Ces deux moyens seraient assez efficaces pour améliorer nos laines; mais il n'appartient qu'à de gros capitalistes d'en tenter l'exécution sans le secours du Gouvernement. Dans les grandes cités, où le commerce est très-étendu, celui-ci procure d'immenses fortunes qui permettent de faire des entreprises utiles : ici elles sont bornées, et les possessions, déjà très-divisées, se morcèlent chaque jour davantage. C'est donc à la justice et à la bienfaisance

du Gouvernement qu'on doit recourir : c'est
à lui à nous procurer des beliers espagnols,
et à les introduire dans nos troupeaux. Il
doit aussi favoriser le commerce par des priviléges, et l'établissement des manufactures
par des encouragemens ; nous présenterons,
dans le troisième chapitre, quelques vues à
ce sujet.

La restauration des haras est aussi l'objet
d'un vœu général dans ce département. Plusieurs causes contribuèrent, sous l'ancien
régime, au dépérissement des espèces qui
se sont entièrement abâtardies pendant la
révolution.

Les étalons andalous, de six pouces, bien
étoffés, sont ceux qui réussissent le mieux :
les espèces dégénéreraient néanmoins, et
prendraient successivement trop de finesse,
si les races n'étaient croisées par de bons
étalons normands, pris de préférence dans
le Cotentin. Dans l'état actuel, il s'agit
moins d'améliorer que de recréer cette partie d'administration. Pour suppléer aux chevaux andalous, qu'il serait peut-être difficile
de se procurer, on pourrait employer d'a-
bord des étalons normands. Les poulines qui

en proviendraient, quoique d'une tournure moins agréable, formeraient de très-belles races, lorsqu'elles seraient saillies par des étalons andalous.

Les plus belles jumens devraient être exclusivement destinées à porter des chevaux. Pour assurer cette mesure, dans un pays où l'on multiplie les mulets (par spéculation, et à cause du voisinage de l'Espagne et de leur défaite certaine), il conviendrait d'accorder des primes aux particuliers qui auraient un plus grand nombre de belles jumens qu'ils ne livreraient pas aux baudets. Les cultivateurs trouveraient dans le rétablissement des haras un motif puissant de multiplier les fourrages; l'augmentation des bestiaux procurerait une plus grande quantité d'engrais, et les engrais rendraient les terres plus fertiles : c'est ainsi que le bien qu'on opère sur une partie, réagit sur les autres.

Le peu de routes qui aboutissent aux Pyrénées; le défaut de canaux de navigation, rendent l'accès des montagnes difficile, les exploitations pénibles, les transports coûteux, les débouchés impossibles. Ils détournent des conquêtes précieuses, qui restent à

Faire dans les flancs de cette chaîne des Pyrénées, où l'homme n'a pu pénétrer, et nous
enlèvent le prix des découvertes qui ont été
faites.

Il est remarquable que l'église de Saint-
Jean-Pied-de-Port, bâtie au pied des Pyrénées, est couverte d'ardoises venues d'An-
gers, tandis que nos montagnes en recèlent
d'immenses carrières. La principale amélioration à indiquer, est donc la confection des
routes et leur réparation, l'ouverture des canaux, lesquels, semblables aux veines du
corps humain, portent la vie dans les parties même les plus éloignées. Des exploitations faciles, des débouchés certains, ajou-
teraient un nouvel aiguillon au désir des
recherches, et les avantages qu'on en re-
cueillerait seraient un grand acheminement
à la perfection des arts.

Ce qui a été dit de la mine de cuivre de
Baigorry, suffit pour faire sentir l'utilité de
cet établissement, et la nécessité de le rele-
ver : celui du citoyen Talabère mérite aussi
de fixer l'attention du Gouvernement. Il pe-
sera dans sa sagesse si cet entrepreneur doit
être indemnisé des pertes qu'il a faites, ainsi

qu'il le demande, et s'il doit être engagé à reprendre ses utiles travaux.

Nous ne pouvons terminer cet article, sans exprimer nos regrets sur la privation qu'on éprouve dans ce département de mines de charbon de terre, cette production de la nature qui remplace si avantageusement le bois, devenu généralement trop rare. Nous céderons même au désir d'en provoquer les recherches, en nous étayant des mesures prises à ce sujet, il y a environ quarante ans, par les États du Languedoc.

Cette province était menacée d'un manque absolu de bois. Les ingénieurs eurent ordre d'en parcourir la partie montueuse, et de marquer tous les points qui pouvaient présenter des indices de charbon de terre. Plusieurs fouilles furent faites, et elles donnèrent un si heureux résultat, qu'on s'en sert aujourd'hui pour les usines, pour les cheminées, et qu'on en transporte jusqu'à Bordeaux, c'est-à-dire, à plus de 35 myriamètres.

Quelques échantillons d'une mauvaise qualité, trouvés aux environs d'*Orthez*, promettent les mêmes avantages à ce département. Il serait nécessaire sans doute qu'un inspecteur des mines fût chargé par le Gouvernement, de parcourir le voisinage des montagnes, et d'indiquer les points les plus propres à faire des fouilles. Quelques essais utiles détermineraient les particuliers à entreprendre des travaux dont ils ne sont éloignés que par la crainte de perdre leur temps, et de se livrer à une dépense qui serait sans aucun fruit.

———————

TROISIÈME

TROISIÈME PARTIE.

Du commerce, de l'industrie, des ma-nufactures, et des moyens de les agrandir; des contributions, de l'état des sciences et des arts.

ARTICLE PREMIER.

DU COMMERCE ET DE L'INDUSTRIE.

APRÈS l'agriculture, le commerce est le premier besoin de l'homme social : c'est par lui qu'on échange l'excédant de ses produc-tions avec celles dont on manque ; c'est par lui que l'industrie et les arts s'agrandissent et prospèrent. Celui du département, sans être considérable, est assez actif, et embrasse plusieurs objets. Les vins, les cochons, les

Basses-Pyrénées.   E

chevaux, les mulets, les bestiaux, les laines, les cuirs et les fers, etc., occupent une infinité d'individus. Leur produit enrichirait le département, s'il n'était tenu à un tribut considérable pour compléter sa provision en grains. Sa position, ses deux ports, et nommément celui de Bayonne, l'ont destiné à être l'entrepôt d'une partie des relations commerciales entre la France et l'Espagne, et à favoriser le débouché de ses propres productions. Nous allons faire connaître successivement la qualité de celles qu'on manufacture et qu'on exporte, leur quantité et leurs débouchés.

Vins.

Les vins forment l'une des principales ressources commerciales du département, quoiqu'on spécule moins sur leur abondance que sur leur excellente qualité. En temps de paix, ils passent presque tous à l'étranger, et sont remplacés, dans la consommation, par de mauvais vins du département des Hautes-Pyrénées. Si les propriétaires avaient les moyens de les conserver pendant deux ou trois ans,

ils en tireraient un parti bien plus avantageux; mais, bornés dans leurs ressources,
épuisés par des travaux souvent infructueux
en raison des mauvaises récoltes, suite trop
ordinaire des intempéries et des variations de
l'atmosphère, ils les vendent, immédiate-
ment après la vendange, à des négocians de
Bayonne, qui les font passer en Angleterre
et dans le Nord.

Cochons et Salaisons.

Il n'y a peut-être pas de meilleurs cochons
en France que ceux de ce département :
l'exportation s'en fait en vie ou en salaisons.
Ceux en vie n'ont d'autre débouché que l'Espagne; mais les salaisons s'exportent dans
toute la France, et en temps, de paix, dans
les colonies.

Les jambons font principalement l'objet
des spéculations de plusieurs négocians de
Bordeaux et de Bayonne qui en font les en-
vois. Cette dernière ville, qui en a été le
premier, et qui en est encore aujourd'hui le
principal entrepôt, leur a donné son nom :
mais elle tire elle-même ses approvisionne-

mens en ce genre, de l'intérieur du départe-
tement, ainsi que nous l'avons déjà dit.

Chevaux et Mulets.

L'abâtardissement des chevaux, la destruction des haras, la diminution des fortunes et la guerre, en ont fait tomber singulièrement le commerce. On en élève cependant encore quelques-uns, mais bien
différens de ceux qui étaient si recherchés
jadis, et si propres à l'arme de la cavalerie
légère. Un édit en a défendu l'introduction
en Espagne, mais il s'en échappe par les divers ports ou passages que présentent les
Pyrénées. En revanche, le commerce des
mulets s'est accru, quoique l'espèce en soit
inférieure à celle des autres parties de la
France. Les Espagnols en achètent autant
qu'on peut en nourrir, et les propriétaires
qui les élèvent sans frais et sans danger, pré-
fèrent ce commerce à celui des chevaux.

Bœufs et Vaches.

On exporte en Espagne des bœufs et des vaches de ce département, tandis que celui-ci est obligé de pourvoir ses propres boucheries de ceux des départemens voisins; mais l'exportation est supérieure à l'importation.

Moutons.

Ils sont destinés, comme les bœufs et les vaches, pour les boucheries espagnoles : ils ne s'exportent qu'au printemps, après que la tonte en a été faite. Cette viande est excellente, principalement en fructidor et vendémiaire.

Laines.

C'est sur leurs nombreux troupeaux que repose l'industrie des habitans des vallées; les laines font leur principale ressource. On peut évaluer à 70,000 myriagrammes celle qu'ils récoltent annuellement; ils en forment eux-mêmes des étoffes de la couleur naturelle de la laine, dont ils sont constamment habillés en hiver comme en été. Les fabriques du pays en emploient une partie ; les autres passent dans les départemens voisins, et vont jusqu'à Carcassonne et à Elbeuf : on ne les emploie dans ces deux dernières villes que pour les lisières des draps.

Eaux minérales.

On peut aussi considérer les eaux minérales sous les rapports du commerce et de l'industrie. Elles sont susceptibles, par leurs vertus et les cures merveilleuses qu'elles opèrent, d'attirer un plus grand concours, et d'augmenter la masse du numéraire en circulation. Plusieurs moyens peuvent contribuer à en accroître les produits ; ils seront indiqués à l'article des *améliorations*.

Sel.

La fontaine de Sallies, dont il a été déjà parlé, fournit tout le département de sel ; elle en donne même un excédant, qui entre dans le commerce, et se répand dans les départemens voisins. Ce sel, aussi recherché par sa qualité que par son éclatante blan-

cheur, ajoute à la bonté et au débit des jambons dits *de Bayonne.*

Fabrications en laine.

Les laines fabriquées dans le département
n'ont aucun établissement de réputation ;
mais le produit en est considérable par le
nombre des ateliers. Les principaux sont à
Nay, Oleron, Pontac et Bruges : les mécaniques et les nouveaux procédés, pour la
simplification de la main d'œuvre, y sont
inconnus. Ces fabriques ne s'alimentent pas
seulement des laines du pays, on en tire encore de l'Espagne, à cause de son voisinage.
Celles d'Oleron avaient autrefois une grande
activité ; elles l'ont perdue depuis 1779, par
un édit du roi d'Espagne, qui prohibait l'entrée des bas de laine dans ses Etats. D'autres
fabriques d'une étoffe grossière, nommée *cor-
deillat*, et de flanelles connues sous le nom
de *jupes de Béarn*, dont celles de bas étaient
l'âme et le soutien, sont tombées avec elles.
Une foule d'ouvriers occupés de ce travail
sont restés sans ressource, et le département
a perdu une balance de plus de 500,000 fr.,

qu'elle présentait en sa faveur : de huit cents
métiers à bas occupés à ce travail, il n'en
reste plus qu'une centaine. De tous les draps
fabriqués dans le département, ceux de Nay
seuls sont employés pour la classe aisée ; les
autres sont destinés à couvrir l'artisan et
l'habitant des campagnes. Le défaut d'émula-
lation impose encore ce tribut aux habitans
de ce pays, en faveur des manufactures
éloignées.

Nous allons présenter succinctement la notice de toutes les fabrications indigènes en
laine.

Droguets et Cadis.

Ceux de Nay se font avec de la laine
d'Espagne; il s'en exporte dans ce royaume
et dans les départemens environnans.

Cordeillats.

Quoique plus grossiers que les cadis, les
cordeillats sont de la même qualité ; ils se
manufacturent à Oleron et à Pontac, aussi
avec de la laine d'Espagne. L'artisan et le
laboureur en sont généralement vêtus : il s'en
exporte dans les départemens environnans.

Capas.

Les capas sont aux cordeillats, ce que
ceux-ci sont aux cadis : ils se font avec de
la laine du territoire. La presque totalité de
la fabrication, qui s'élève à deux mille pièces,
passe dans les départemens voisins.

Etoffes pour capes.

Coarraze et Pontac, près Nay, font travailler les étoffes pour capes avec de la laine
du pays, et en fournissent le département,
ainsi que ceux voisins. Elles ne sont employées que pour des espèces de manteaux,
connus sous le nom de *capes du Béarn*.

Couvertures.

La fabrication des couvertures de différentes qualités est considérable, et se fait,
comme les deux précédentes, avec de la
laine du pays, dans différentes communes.
On en trouve depuis 4 jusqu'à 20 fr. ; on n'en
fait peut-être nulle part à un prix aussi mo-
déré, si l'on considère surtout leur qualité et
leur grandeur. Le Gouvernement y trouverait

une économie à les employer pour les hôpitaux et pour la marine : il s'en vend déjà pour ce dernier service.

Les 21 fabriques de chapeaux répandues dans le département, sont si peu de chose, qu'elles n'occupent pas ensemble journellement cent ouvriers. On n'y fabrique que des chapeaux grossiers, qui ne suffiraient pas même à l'artisan et à l'habitant des campagnes, si la plupart d'entre eux ne portaient des bonnets à la béarnaise, appelés vulgairement *berrets*, qu'on fait à Nay et à Labastide-Clairence. Les chapeaux dont la classe aisée fait usage, se tirent des fabriques de Lyon et de Paris.

Bonnets, façon de Tunis.

C'est encore à Nay qu'on fabrique, avec de la laine d'Espagne, les bonnets qui sont la base de la coiffure des Orientaux. Ils ont un grand débit dans les Échelles du Levant : quoique tricotés, ils ont l'apparence d'un beau drap, lorsqu'ils sont finis. C'est le citoyen Daugerot qui en a aujourd'hui la principale manufacture, et il a soutenu ce commerce, prêt à s'anéantir, dans des temps très-difficiles.

Bas.

Indépendamment des manufactures d'O-leron, pour les bas de laine, il s'en fabrique aussi à Nay, quoiqu'en petite quantité. Ils sont communs, mais bons dans leur genre.

Flanelles ou jupes.

La fabrication des flanelles était autrefois fort active; il s'en faisait une exportation d'environ 20,000 pièces dans les départemens environnans : elle est réduite aujourd'hui à 600.

Toiles et Mouchoirs.

La fabrication des toiles et mouchoirs a été la plus considérable du département, et elle est destinée à le devenir encore. Ces toiles sont recherchées, et acquièrent chaque jour plus de réputation; elles n'ont point en général autant de finesse et d'éclat que celles d'Hollande et des Pays-Bas, mais elles leur sont préférables. Ces dernières perdent

bientôt un premier coup d'œil qui est dû à
la manière dont on les prépare; celles du
département au contraire, tirent une espèce
de coton ou duvet qui les embellit, en les
rendant plus moelleuses et même plus saines.
Elles sont aussi d'un bien plus grand usage.

Ces qualités qui les distinguent ne sont
pas seulement dues au local, mais elles le
sont encore à la manière dont on rouit les
lins. Au lieu de les mettre dans l'eau, comme
on le pratique généralement, on les étend
dans des prairies, par couches très-légères,
et sur des lignes parallèles. Ainsi exposés,
pendant deux ou trois mois, aux impressions
successives du soleil, du serein et de la
pluie, ils sont ensuite, non-seulement plus
propres à être brisés, mais les filamens
en deviennent encore plus spongieux, et
plus moelleux. Ces lins ne sont pas tous
employés indistinctement à la fabrication
des toiles et mouchoirs qui entrent dans le
commerce. Il n'y a que celui connu sous le
nom de *petit-linet* qui y soit propre : le meilleur vient aux environs de Pau et de Lescar.
Si les récoltes en étaient toujours abondantes,
elles suffiraient pour alimenter cette fabri-

cation dans un temps ordinaire ; mais comme les variations occasionnées dans l'atmosphère par le voisinage des Pyrénées, concourent trop souvent à les détruire ou à les diminuer, on supplée alors au déficit qu'elles occasionnent, avec des lins et des fils qu'on tire de Laval et de Segré. On emploie aussi pour les mouchoirs, des cotons teints, que les fabricans font venir de Rouen, Montpellier, Nîmes et Avignon. On fabrique deux espèces de toiles : des toiles blanches unies, et du linge de table, qu'on nomme *linge de ménage*, ainsi que des mouchoirs plus ou moins chargés de couleurs fines. On n'emploie que des lins du pays pour les premières ; mais lorsqu'ils n'abondent pas, on en fait seulement la trame des mouchoirs, et on se sert, pour la chaîne, de ceux de Laval et de Segré.

En temps de paix, ces derniers qui forment les sept huitièmes de la fabrication, sont presqu'entièrement exportés, par des négocians de Bayonne et de Bordeaux, en Amérique ; ils y sont très-recherchés, soit pour la solidité des couleurs, soit pour leur bon tissu.

Ils auraient en Espagne un débouché non moins avantageux ; mais l'introduction n'en est pas permise, parce qu'ils contiennent du coton. Les autres toiles n'ayant pas cet inconvénient, y sont exportées sans difficulté. Cette fabrication n'est pas circonscrite dans un petit nombre d'établissemens d'une certaine étendue ; elle est disséminée dans plusieurs communes, en autant d'ateliers qu'il y a de tisserands, et principalement à Pau.

Elle a été plus ou moins active depuis 40 ans.

En 1765, l'intendant d'Etigny fit faire le relevé des métiers battant : il s'en trouva 800. Ce nombre augmenta progressivement, et vers les années 1781 et 1782, il était porté à 2000. Ces ateliers occupaient 6000 personnes, et donnaient 60,000 douzaines de mouchoirs, en comptant 30 douzaines pour chaque atelier. Le prix de la douzaine étant à cette époque de 60 à 70 francs, il s'ensuit que cette branche d'industrie jetait dans la circulation environ quatre millions. Ce degré d'activité ne se soutint pas : le débouché toujours croissant pour les colonies, commença à devenir moins avantageux à l'époque de la paix avec l'Angleterre. Le prix des mouchoirs diminua sensiblement, et avec lui le nombre des métiers battant : il était réduit, en 1790, à 1,200. La guerre, en interceptant totalement ce débouché, semblait devoir anéantir entièrement ce commerce ; cependant il reste encore 400 métiers battant. La qualité des mouchoirs et des toiles, qui n'a pas dégénéré, leur a fait trouver un autre débouché dans l'intérieur, mais infiniment moins avantageux.

Les moyens des fabricans sont très-bornés : la plupart sont obligés de vendre leurs marchandises à vil prix, à mesure qu'ils les fabriquent, et ils n'ont peut-être pas, tous ensemble, un fonds de 100,000 francs.

Manufactures de cotons à la façon anglaise.

La manufacture d'étoffes en coton à la manière anglaise, a introduit dans ce pays un genre d'industrie qui lui était absolument inconnu, et y a procuré une nouvelle branche de commerce. Placée d'abord à Pau, puis à Lescar, dans un bâtiment national dont elle n'a encore que l'usufruit, son instabilité a dû nécessairement ralentir ses progrès. La filature y est néanmoins entièrement perfectionnée, et les cotons en sont recherchés pour la fabrication de nos mouchoirs. Les mousselinettes et basins laissent encore quelque chose à désirer : cependant le degré où ils sont parvenus, annonce qu'ils pourront bientôt rivaliser avec les produits des fabriques anglaises. Cette entreprise mérite de fixer l'attention, par les succès qu'elle a eus jusqu'à présent, autant que par ceux qu'elle promet : la ville de Lescar est surtout intéressée à sa prospérité.

Teintures.

Le département possède 19 établissemens de teinture propres à donner les couleurs ; ils sont situés en grande partie à Pau, Orthez, Oleron et Nay. Ils suffisent à ses besoins, ainsi qu'à ses diverses fabriques, à l'exception de celles de mouchoirs. On ne sait point y employer la couleur rouge d'Andrinople sur coton, dont cette fabrique fait une consommation considérable. Le défaut

faut de moyens et d'encouragement a encore privé le département de ce genre d'industrie qui lui serait infiniment utile. Il y
a environ 25 ans que le citoyen Brascou, de
Pau, teinturier, forma le projet de l'y introduire; il se procura dans cet objet un ou-
vrier exercé, et il présenta aux Etats de la
province des échantillons qui offraient une
couleur parfaite, et qui résistèrent à toutes
les épreuves. Il renonça à son entreprise,
ne recevant point les encouragemens qu'il
s'était promis, et redoutant une concurrence
que des moyens plus étendus permettaient
aux fabricans de Nîmes, Montpellier, etc.
de lui rendre désavantageuse.

On a fait à l'école centrale l'essai de la
culture de plusieurs plantes employées à la
teinture du coton, telles que la garance,
la guède ou pastel, etc. Le sol a paru très-
propre à cette production.

Papiers.

Il y a douze moulins à papier, qui ont
ensemble 13 cuves. Il n'en sort que des
papiers communs, quoique bons et bien

Basses-Pyrénées.   F

fournis dans leur genre. En général, les fabricans s'attachent moins à les perfectionner, qu'à en avoir un débit considérable. C'est l'effet du débouché facile qu'en offre l'Espagne, et de la consommation considérable qui s'en fait habituellement. Les Génois se sont déjà emparé une fois de ce commerce, et les fabricans ne le ressaisirent qu'en imitant l'espèce de papier à l'aide duquel ils avaient obtenu ce succès. Ce papier est nommé *fleuret* aux *trois* O, et c'est celui dont on fait le plus grand débit. On en fait aussi de plusieurs autres espèces, mais en moindre quantité. Cette fabrication est étendue, et d'autant plus précieuse, qu'elle emploie une matière première qui ne serait par elle-même d'aucune utilité.

Il existe principalement à Pau, Orthez, Nay, et surtout à Hasparren des tanneries : il en est des cuirs qu'on y prépare, comme des papiers ; le débit avantageux et facile qu'on en trouve en Espagne, fait qu'on s'applique très-peu à les perfectionner. Il est à craindre que cette insouciance ne donne lieu aux Anglais d'y substituer les leurs, et

n'enlève ainsi au département une ressource assez importante. Le citoyen Bergé,
négociant et maire de Lescar, vient néanmoins de former dans cette ville un établissement pour y préparer les cuirs à la
façon anglaise; il y a appelé des ouvriers
exercés, et les premiers essais ont parfaitement réussi. Il est bien à désirer que cette
entreprise naissante acquière une consistance qui lui manque encore, autant par son
utilité, que par l'émulation qu'elle est propre à exciter parmi les fabricans de cuirs.

Pelleteries.

Les pelleteries forment un objet de commerce non moins considérable que les cuirs;
les troupeaux nombreux des vallées en fournissent une grande quantité. Elles sont pré-
parées à Hasparren, Orthez, et surtout à
Arudy, où il existe des mégisseries. Il en
passe en Portugal, en Espagne et dans le
nord, ainsi qu'à Toulouse et Bordeaux.

Forges à fer.

Nous avons peu de chose à ajouter à ce que nous avons déjà dit des forges. Elles sont toutes construites à la Catalane, et leurs produits sont infiniment au-dessous de celles à haut fourneau ; mais elles consomment aussi beaucoup moins de combustibles qu'il est important d'économiser, et c'est ce qui les a fait préférer. Les communes environnantes fournissent en grande partie les ouvriers nécessaires à ces établissemens. Les attraits de la vie nomade font que beaucoup d'entre eux les abandonnent pendant l'été ; mais l'hiver les y ramène ordinairement, et on peut porter à huit cents le nombre de ceux qui y sont employés.

La quantité de fer qu'on y fabrique annuellement, est de 10 à 11 mille quintaux ; elle suffit à peu près aux besoins du département. Ce fer manque en général de dureté : aussi n'est-ce que la modicité du prix qui en fait soutenir la concurrence avec le fer d'Espagne.

Nous allons présenter ici la notice suc-

cincte, et la valeur approximative des différens objets d'exportation.

A L'ÉTRANGER.

Espagne.

Cochons et salaisons.	600,000 f.
Bœufs et vaches . .	100,000
Moutons.	120,000
Mulets	200,000
Chevaux et jumens .	20,000
Cadis et draps de Nay.	100,000
Cuirs	300,000
Papiers.	400,000
Toiles et mouchoirs.	200,000
Bas.	150,000
Pelleteries.	100,000

} 2,290,000.

Nord.

Vins.	500,000
Pelleteries	200,000

} 700,000.

Portugal.

Pelleteries . . . . 100,000.

Échelles du Levant.

Bonnets, façon de Tunis . . : 100,000.

A L'INTÉRIEUR.

Départemens environnans.

Laines	200,000 f.	
Cordeillat s	130,000	
Etoffes de Bruges. .	40,000	
Capes de Béarn . .	120,000	
Jupes	10,000	} 1,540,000.
Couvertures de laine.	300,000	
Cadis et draps de Nay.	100,000	
Sel	40,000	

Bayonne, Bordeaux.

Mouchoirs	400,000	
Salaisons	200,000	} 700,000.
Pelleteries	100,000	
TOTAL	4,830,000.	

État des exportations comparativement aux importations.

La plupart de ces exportations étaient infiniment plus considérables avant la guerre, et peuvent prendre beaucoup d'accroissement. Dans l'état actuel, soit que l'on considère la situation des différentes branches de l'industrie, la rareté du numéraire, et la diminution progressive des fortunes, elles ne suffisent peut-être pas pour couvrir le montant des importations et les charges des contributions. Ces exportations, considérées néanmoins relativement à l'Espagne, présentent une balance assez forte en faveur du département.

Le commerce provenant des productions territoriales et de l'industrie, dont on vient de présenter le tableau exact, est encore rendu plus actif par la position topographique du département, qui lui donne deux ports, St.-Jean-de-Luz et Bayonne.

Cette position donne beaucoup d'étendue au commerce de cette dernière cité; il en a déjà été parlé, ainsi que des moyens de prospérité qui lui sont propres. Ils consistent principalement dans les franchises dont elles jouissaient sous Colbert, et que son commerce redemande aujourd'hui. Ce n'est que par ce moyen qu'elle peut soutenir la concurrence avec Bilbao, sur laquelle elle a l'avantage d'une meilleure position.

Bayonne faisait autrefois la pêche de la baleine, qu'elle a abandonnée depuis long-

temps. Elle a continué avec succès celle de
la morue ; elle y employait, avant la guerre,
conjointement avec St.-Jean-de-Luz, 5o
vaisseaux, année commune. Les espèces d'or
et d'argent dont elle faisait le commerce,
lequel se portait à 3o millions par an, ali-
mentaient ses monnaies, ses orfévreries,
ainsi que celles des environs. Elle fournit
aussi aux départemens voisins les merceries,
quincailleries, épiceries, etc., et reçoit en
échange le superflu de leurs productions.

ARTICLE II.

CONTRIBUTIONS.

C'est ici le lieu de parler des contributions publiques, puisque c'est au commerce
et à l'industrie à entretenir la circulation du
numéraire, et à fournir les moyens de les
acquitter toutes. De plus, quelques-unes
d'elles n'ont d'autre origine, puisqu'elles ne
sauraient exister sans ces deux ressorts de la
vie sociale.

En 1789, le montant de celles directes
était de . . . . 1,125,592 fr.
Et celui des indirectes de . . 2,257,746

TOTAL . . . . 3,383,338 fr.

En l'an 9, les charges directes se sont éle-
vées à . . . . 1,399,753 f. 10 ⎫
Et les indi-   ⎬ 3,320,772 16
rectes à . . . . . 1,921,019 ⎭

Différence 62,565 84

On voit par ce tableau qu'elles diffèrent
entre elles aujourd'hui, en sens inverse de
ce qu'elles étaient alors, ce qui explique le
renchérissement des denrées. Espérons que
la paix les remettra dans le même rapport,
et que si elles doivent présenter une différence, ce ne sera qu'en faveur de celles directes. Espérons encore que si, comme l'intérêt général autant que celui du département le réclame, on parvient un jour à opérer le défrichement de la lande du Pont-
Long, et à mettre en usage les autres moyens
indiqués pour l'amélioration de l'agriculture, cette masse de revenus publics recevra
un accroissement considérable. Dans l'état

actuel, elle serait sans proportion avec les produits du sol et de l'industrie, si on ne considérait que la recette des douanes y est entrée pour le tiers en l'an 9, et que le département n'en paie qu'une partie. Cette recette deviendra nécessairement moins importante, dès que les transports par mer auront repris leur cours ordinaire.

Un très-grand nombre de causes physiques rendent les récoltes très-incertaines dans ce département. Le genre de culture qu'on y suit, fait qu'elles sont très-inférieures à l'étendue du sol, dont on laisse la plus grande partie en terres vagues, uniquement destinées à féconder celles qui sont cultivées; cependant les unes et les autres sont frappées par l'impôt qui se perçoit ainsi à la fois, et sur les fruits, et sur les engrais.

ARTICLE III.

Moyens d'accroître le commerce et l'industrie, et de les rendre plus actifs.

C'est sur le commerce et l'industrie que repose l'existence d'une partie considérable de la population de ce département, qui n'a, par aperçu, que le tiers de son sol en culture. Nous avons déjà indiqué les causes qui ont successivement concouru à en arrêter le développement. Avec la paix ils vont reprendre de l'activité; mais dans l'état trop peu satisfaisant où ils se trouvent aujourd'hui, on ne peut espérer de leur donner, aussi rapidement qu'il serait à désirer, toute celle qu'ils ont perdue, sans des encouragemens particuliers.

Un prêt particulier de 5oo,ooo francs, remboursable à terme fixe et sans intérêt, contribuerait d'une manière très-efficace à rétablir les ateliers anéantis; à donner de l'extension aux établissemens actuellement existant, et surtout à y introduire l'usage des procédés qui abrègent, perfectionnent et rendent à la fois les travaux moins dispendieux. Ces fonds ne seraient confiés qu'aux fabricans les mieux famés et les plus actifs. Un moyen non moins efficace, serait d'accorder annuellement des primes, et même d'excepter de la patente, pour un certain temps, ceux de ces fabricans qui seraient parvenus à perfectionner sensiblement les

objets de leur industrie. On exciterait ainsi
l'émulation parmi eux, en les arrachant au
mécanisme et à la routine auxquels leurs
ressources , en général trop bornées, les
tiennent assujettis.

Ces précautions néanmoins seraient vai-
nes pour donner aux manufactures leur activité, et les accroître à la fois, si l'on ne
faisait disparaître l'une des principales causes de leur dépérissement. Elle existe cette
cause dans les prohibitions et dans les sur-
charges de droits dont le gouvernement espagnol a frappé successivement , depuis
plusieurs années, la plupart des produits des
fabriques nationales , et particulièrement
de celles de ce département, tandis que
l'étranger en a profité pour y substituer, à
notre préjudice, ses propres marchandises.
Ces entraves , si préjudiciables à notre
commerce et à notre industrie , méritent
de fixer les regards du Gouvernement. On
forme depuis long-temps des vœux pour
un traité de commerce qui préviendrait
toute prohibition et toute augmentation ar-
bitraire de droits; il assurerait en Espagne ,
à nos marchandises, sur celles de l'étran-

ger, une préférence marquée, et conforme
aux liens d'intérêt et de voisinage qui unis-
sent les deux peuples.

Mais c'est surtout le canal dont nous
avons déjà parlé, qui fixerait la prospérité,
non-seulement de ce département, mais encore de ceux qui l'environnent. L'exécution
de ce projet peut seule donner à leur commerce et à leur industrie tout le développement, toute l'activité dont ils sont susceptibles, en augmentant à la fois l'agriculture
qui en est la véritable base. Depuis plusieurs
siècles il est l'objet continuel des vœux des
hommes éclairés, des amis du bien public,
et nommément des administrateurs. Des dé-
libérations prises à ce sujet, en 1630, par
les Etats du ci-devant Béarn, prouvent que
ce projet, anciennement conçu, a toujours
présenté les mêmes avantages.

Ce canal aurait son origine au lac de
Lourde, département des Hautes - Pyrénées, dont les eaux jointes à celles des ruisseaux qui se rencontreraient dans son cours
l'alimenteraient. Il aurait son embouchure
dans l'Adour, près de Dax, département
des Landes, rivière qui se jette dans l'Océan

à cinq kilomètres au-dessous de Bayonne. Sa longueur serait de 11 myriamètres, dont deux kilomètres dans le département des Hautes-Pyrénées. Il longerait ensuite la route de poste, de Toulouse à Bayonne, jusqu'à Pau, d'où il serait dirigé sur la plaine vaste et inculte du Pont-Long; il en sortirait pour entrer dans le territoire du département des Landes, dont il parcourrait environ quinze kilomètres.

On pourrait le faire communiquer avec la Méditerranée, au moyen d'un autre canal d'environ six myriamètres de longueur, qu'on a aussi projeté depuis long-temps, et lequel, partant de Mont-de-Marsan, irait aboutir à la Garonne devant Aiguillon, département de Lot-et-Garonne.

Cette communication avec les deux mers suffirait seule pour donner une idée de son utilité et des avantages incalculables qui en résulteraient. Elle établirait des relations plus suivies et plus étendues entre ce département et ceux qui l'environnent; elle faciliterait, soit entre eux, soit avec les ports de Bordeaux et de Bayonne, l'échange de leurs différentes productions. Elles s'accroîtraient par le succès du débit, et par la perspective d'un débouché certain. Les richesses immenses que renferment les Pyrénées, ne resteraient plus enfouies et ignorées par la difficulté des transports ; elles contribueraient à donner une nouvelle vie aux arts. Parmi ces richesses, les marbres les plus beaux et les plus rares, l'albâtre, le granit et l'ophite, tiennent le premier rang. Ils pourraient former seuls l'objet d'un commerce important, en nous délivrant du tribut que nous payons à l'Italie.

Quelque considérables que fussent ces avantages, ils seraient encore bien au-dessous de celui qu'en retirerait l'agriculture. Le défrichement du Pont-Long, qui deviendrait une suite nécessaire de l'ouverture de ce canal, donnerait à ce département et à celui des Landes, dont le produit est aussi très-inférieur à sa population, sans avoir aucun moyen de l'accroître, une abondance qu'ils ne peuvent attendre d'ailleurs. Alors la vue des habitations, des prairies et des champs cultivés, succéderait enfin à une solitude qui afflige l'âme et le regard du voyageur; alors le commerce et l'industrie s'agrandi-

raient eux-mêmes en raison de l'accroissement des produits de l'agriculture.

A ces moyens généraux d'amélioration,
des ressources industrielles et commerciales
du département, nous ajouterons ceux dont
seraient susceptibles, et qu'exigeraient plus
particulièrement quelques-unes d'elles.

Nous avons déjà indiqué la cause de la
décadence des manufactures de bas, et
principalement de celles d'Oleron, c'est-
à-dire, la défense inopinée que le Gouvernement espagnol fit, il y a une vingtaine
d'années, de les introduire dans ses Etats.
Il n'y a que le rapport de l'édit qui la pro-
nonça, qui puisse rétablir ces manufactures.
Les fabricans en ont démontré l'importance
et la nécessité dans une pétition revêtue de
l'avis des autorités locales, qu'ils ont présen-
tée, il y a quelques mois, au Ministre de
l'Intérieur. Il serait d'autant plus à désirer
que leur vœu fût rempli, que la manufacture
du même genre établie en Aragon, que cette
prohibition avait pour objet de favoriser,
n'a point réussi, à cause des localités, et
que les Anglais en ont profité pour introduire en fraude et débiter leurs bas dans
les

les provinces espagnoles, au préjudice d'O-
leron.

Une pareille prohibition prive les mouchoirs de ce département, qui forment,
comme nous l'avons déjà observé, la manufacture la plus importante, d'un débouché
aussi avantageux qu'assuré. Il ne contribuerait peut-être pas moins à l'extension et à
l'agrandissement de cette branche essen-
tielle de l'industrie, que celui des Colonies,
que la paix va lui rendre. Les fabricans le
réclament généralement, autant qu'un grand
nombre de familles dont les moyens d'existence sont fondés sur ce commerce. Ces mouchoirs sont d'autant plus recherchés en Espagne, qu'ils n'ont à soutenir la concurrence
d'aucune fabrique du même genre dans ce
royaume : aussi les Espagnols eux - mêmes
viennent-ils les chercher pour les introduire
en fraude dans leur propre pays.

Le commerce des cochons serait infiniment plus avantageux, si l'exportation pour
l'Espagne n'avait lieu qu'en salaisons. Indépendamment de ce que leur préparation et
leur transport occuperaient un plus grand
nombre d'individus, la graisse de ces animaux

Basses-Pyrénées.   G

resterait en grande partie dans le département, et ajouterait aux moyens d'alimenter ses habitans. Cette mesure éviterait aussi un inconvénient bien plus grave attaché à leur exportation en vie. Depuis quelques années, les Espagnols viennent les acheter encore jeunes, pour les engraisser eux-mêmes; ils se dispensent, par cette spéculation, de la moitié du tribut qu'ils nous payaient autrefois pour cet objet. Aussi le Gouvernement espagnol, pour la favoriser, a augmenté depuis quelque temps les droits sur les salaisons, et non sur les porcs en vie. Cette disposition a donné lieu à des réclamations de la part des marchands et des propriétaires, qui se sont vu enlever une partie de leurs ressources et de leur industrie. On désirerait généralement que l'exportation des cochons fût restreinte aux salaisons.

Pour augmenter le produit des eaux minérales, il est nécessaire, d'abord, de réparer les établissemens qui existent, de leur donner plus de commodités et d'agrémens. Il faut séparer avec soin les eaux salubres de celles naturelles et pluviales, ouvrir une route de Laruns aux Eaux-Bonnes, où l'on ne peut se rendre sans danger. Les étrangers ne préféreront plus alors celles des Hautes - Pyrénées, qui n'ont ni d'autres principes, ni des moyens plus puissans de guérison.

Quoique la fabrication du fer ait augmenté depuis quelques années, elle peut encore s'accroître. Les forges actuellement existantes pourraient produire quatorze mille quintaux de fer, au lieu de 10 à 11 mille, si elles étaient toutes dans une parfaite activité. Il n'est pas douteux, d'ailleurs, que si l'on se livrait à des recherches, on ne trouvât, dans les Pyrénées, de nouvelles mines dans des endroits ignorés ou de difficile accès, qui permettraient d'augmenter le nombre de ces ateliers. On aurait alors un excédant considérable en fer; et ce métal, le plus utile de tous, refluerait dans l'intérieur.

Tels sont les moyens d'encouragement et d'amélioration qui peuvent porter ce département au degré de prospérité dont il est susceptible, en donnant à son agriculture, à son commerce et à son industrie, un dé-

veloppement rapide. Qu'il me soit permis
d'appeler sur eux l'attention d'un Gouvernement qui fait son bonheur de celui des
Français.

* * * * *

ARTICLE IV.

Des Sciences et des Arts.

Les sciences et les arts n'ont jamais fleuri
dans ce département, soit qu'on les envisage
sous leurs rapports avec l'agriculture , le
commerce et l'industrie, soit qu'on les considère comme liés aux productions de l'esprit.

Il n'était pas aisé, en effet, qu'ils fissent
des progrès sensibles dans un pays éloigné
du centre des lumières , ainsi que des principales cités, qui n'avait ni grandes routes ,
ni canaux de navigation, et qui semblait,
en un mot, séparé du reste de la France.
Tels que les fleurs et les fruits qu'on ne peut
naturaliser que dans des climats tempérés
et dans des terrains fécondés par la culture;

tels les sciences et les arts ne prospèrent, et
ne font sentir leur heureuse influence que
dans ces contrées privilégiées, où l'abondance, le luxe et les richesses permettent de
cultiver ces enfans du loisir et de la liberté,
de l'émulation et du plaisir.

Les établissemens publics contribuent
sans doute à la propagation des sciences et
des arts; mais si le ci-devant Béarn posséda
une académie, elle n'eut jamais ni assez
d'influence, ni assez de suite dans ses travaux; elle ne donna jamais assez d'encouragemens pour opérer, dans l'esprit public,
une heureuse révolution. D'ailleurs, cette
académie, composée en grande partie des
membres du parlement, se ressentit des se-
cousses de ce corps, et resta éclipsée et inac-
tive pendant de longs et fréquens intervalles. De plus, les magistrats qui avaient
une occupation suivie, qui remplissaient
des fonctions importantes, ne pouvaient s'a-
donner aux sciences et aux arts sans interruption, ce qui dut ralentir infiniment ses
travaux et en neutraliser l'effet.

Cette société, formée en 1718 par vingt

particuliers, n'eut d'autre objet que de donner périodiquement des concerts. Elle prit en 1720 le titre d'académie des arts, s'associa dix autres membres, qui, sous la qualification d'honoraires, devaient être exempts de toute contribution, et s'occuper exclusivement de la partie littéraire. L'année d'après, cette association prit une forme plus régulière et plus solide; elle fut autorisée par des lettres patentes, et obtint des jurats un emplacement pour ses séances. Dans la suite, elle s'aggrégea des membres étrangers et des associés libres; elle établit des prix, écarta de son sein ceux qui n'étaient que musiciens, se forma une bibliothèque, et fixa à quarante le nombre de ses membres. Ses travaux acquirent alors plus de consistance et plus de suite, et se ressentirent d'un nouveau zèle. La catastrophe des parlemens en 1765 fit tomber l'académie, et avec elle, l'émulation qu'elle devait produire.

Elle reprit une nouvelle vie en 1783, et donna une forme différente à ses exercices littéraires, en se divisant en sections. Elles furent présidées par des hommes éclairés, aussi amis des lettres que de leur pays, lesquels fournirent des mémoires importans. Leurs vues, entièrement tournées vers des objets d'intérêt public, commençaient à donner à ce corps une consistance remarquable, et à ses travaux une publicité avantageuse, lorsque de nouvelles crises vinrent les suspendre. La révolution les anéantit depuis. Le vandalisme qu'elle enfanta, parcourut aussi ces contrées, et n'y laissa aucune ressource à l'émulation. La guerre et l'esprit persécuteur ont ensuite successivement dévoré la plupart des hommes instruits, et mis ce département frontière dans un isolement complet pour tout ce qui pouvait contribuer à la propagation des sciences et des arts. Tout porte à croire qu'ils n'ont pas été cultivés jadis dans le voisinage de cette partie des Pyrénées, si long-temps déserte, et privée des bienfaits de l'agriculture.

Une seule inscription trouvée dans la vallée d'Aspe, au-dessus de la *pène* d'Escot, y rappelle le passage des Romains, et la réparation du chemin qu'y fit exécuter un duumvir, par ordre de l'empereur ; mais rien n'annonce que ces conquérans du monde y aient fait un séjour considérable. Contens d'y avoir assuré leur domination, ils se tinrent sans doute éloignés d'un pays sans production, à demi-sauvage, et où rien ne pouvait les fixer. Aussi n'y trouve-t-on aucuns de leurs monumens, si communs dans certaines parties de la France : le gothique qui se fait admirer malgré son irrégularité, n'y est pas plus connu.

On a néanmoins découvert tout récemment, à deux kilomètres de Pau, une mosaïque assez étendue et toute recouverte de terre végétale : le temps ne l'avait presque pas altérée. Ses diverses couleurs sont conservées, ses dessins variés et assez bien formés ; mais son peu de correction et sa ressemblance avec plusieurs monumens de ce genre trouvés en Espagne, font penser qu'elle appartient aux Arabes ou aux Sarrazins.

Tout est donc à créer, dans ce département, pour la perfection des arts et des sciences. Les Béarnais, qui ont de la vivacité, et un esprit naturel qui les porte à tout,

profiteront sûrement des bienfaits du Gouvernement, s'il daigne leur assurer des
moyens pour exciter leur émulation, et tour-
ner leur génie à la perfection de ce qui intéresse le plus dans l'ordre de la société.

QUATRIÈME PARTIE.

Origine, mœurs, usages et caractère des habitans du département; lois, instruction publique, climat et son influence.

ARTICLE PREMIER.

Origine, Mœurs, Usages et Caractère.

DEUX peuples différens par leur origine et leur caractère, leurs mœurs et leur langage, habitent ce département: ils sont connus sous la dénomination de *Béarnais* et de *Basques*. Des nuances si marquées les distinguent, qu'ils sont respectivement étrangers les uns chez-les autres, malgré leur voisinage et leurs anciennes relations. Sous les rapports physiques, ils tiennent le milieu entre les peuples du nord et ceux du midi de la France. Ils ont en général les cheveux châtains, la peau brune, le re-

gard vif, la physionomie spirituelle. Dans
la plaine, leur taille est communément
moyenne: dans les montagnes, les hommes
sont généralement plus grands, mieux faits
et plus lestes. Ce département est un de ceux
qui ont fourni les plus beaux grenadiers à l'armée d'Espagne, pendant la dernière guerre.

On ne connaît rien de certain sur l'origine des Béarnais: les savans ont beaucoup
disputé et varié sur cet objet ; mais leurs dis-
cussions et leurs écrits n'ont donné que des
conjectures. Marca trouve, dans Pline, les
Béarnais désignés sous le nom de *Venami*(1)
ou *Venarni*, formant un des petits peuples
de l'ancienne Aquitaine. D'autres écrivains
très-anciens disent que les Béarnais, *habitant les vastes solitudes des Monts-Pyrénées*, étaient appelés anciennement *Vac-
cei* ou *Vacceens*, du mot *Vacca*, ville dont
on ne sait aujourd'hui que le nom.

Quoi qu'il en soit de leur origine et de leur
ancienne dénomination, tout semble annon-

----

(1) Il pense qu'une faute de copiste, dans cet au-
teur, peut avoir réuni deux lettres en une : il la
corrige en écrivant *Venarni*.

cer qu'ils sont un peuple indigène, descendant des anciens Gaulois. Le Béarn n'était originairement qu'une vaste forêt ; ses premiers habitans étaient pasteurs : rien ne pouvant y exciter l'avidité d'un peuple étranger, il n'est pas probable que des conquérans fussent venus se fixer dans un pays inculte, agreste, sauvage, et qui n'offrait rien de séduisant.

Les Béarnais refusèrent de se rendre au lieutenant Crassus, qui avait conquis la plus grande partie de l'Aquitaine ; ils ne voulurent se soumettre qu'à César lui-même, lorsqu'il y vint en personne. Il y assura la domination des Romains, qui s'y maintinrent long-temps. Il n'existait alors que deux cités béarnaises indiquées dans l'itinéraire de l'empire *Iluro*, Olero, Oloro, *Oloron* et *Benearnus*, dont il ne reste aucun vestige.

On conjecture avec quelque vraisemblance que l'étymologie du mot *Béarn* vient de *Benearnus*, ville que fondèrent les Romains sur les bords du Gave, et dont on ne connaît plus que le nom. Il est à croire que la ressemblance de cette rivière avec l'Arnus qui a son cours en Toscane, fit donner à la nou-

velle ville le nom de *Bene-arnus*, comme
qui dirait, c'est bien l'Arnus, et que ce mot
corrompu ou abrégé fut depuis la dénomination de toute la contrée.

Du joug des Romains le Béarn passa, comme
toutes les Gaules, sous celui des Barbares:
il se rendit indépendant dans le 10e. siècle, et
les habitans eurent la sagesse et le courage
de conserver leur liberté pendant long-temps,
au milieu des troubles qui agitaient les Etats
voisins. Ils n'obéissaient qu'à des princes
de leur choix, et ne recevaient d'autres lois
que celles qu'ils faisaient eux-mêmes. La féodalité n'avait fait que peu de progrès parmi
eux; les laboureurs y étaient propriétaires.

Les Béarnais ont un caractère qui ressemble à celui des peuples qui les environnent : ils sont en général fins, dissimulés,
méfians, intéressés, envieux, irascibles, et
jaloux de leur liberté. C'est un peuple spi-
rituel, propre à tout ce qui demande de
l'intelligence et de la souplesse, et dans lequel on remarque un air de fierté, de civilisation et de politesse, qu'on ne voit point
ailleurs. Dans les vallées, il a l'esprit plus
délié et un physique plus robuste : il tient à

sa religion, sans être fanatique ni supersti-
tieux. Le déploiement de la puissance l'é-
tonne peu, mais il est naturellement soumis
aux lois. Son orgueil et son irascibilité le
portent facilement à la vengeance; mais
contenu par la crainte de la flétrissure et de
la perte de son bien, il fait éclater son res-
sentiment par les moyens judiciaires. Lorsqu'il est vaincu, il est plus humilié du
triomphe de son adversaire, que sensible au
dommage qu'il éprouve : nul département ne
donne autant d'occupation aux tribunaux.

Les mœurs des Béarnais sont douces,
même celles des habitans des montagnes,
lesquels, forcés par les neiges de descendre
et de passer l'hiver avec leurs troupeaux dans
le plat pays, s'y policent, et perdent leur
rudesse naturelle. Rarement des crimes atro-
ces déshonorent les habitans de cette contrée :
les rixes de cabarets, la violation des règle-
mens ruraux et forestiers y sont les délits
les plus fréquens.

Plusieurs causes paraissent avoir contri-
bué à former le caractère dominant de ce
peuple. Son ancien état politique favo-
risait singulièrement sa liberté, comparati-

vement au peuple de l'intérieur; la grande
division des terres y rendait presque tous
les laboureurs propriétaires; encore même
aujourd'hui, presqu'aucun n'y travaille un
champ étranger. L'amour d'une propriété
libre, fait supporter gaiement les travaux
les plus pénibles, parce qu'on en recueille
seul le fruit. L'ordre de succéder, établi par
les anciennes lois du pays, et qui perpétuait
l'aisance dans les familles, en maintenant
la consistance des héritages, quoique bornés,
assurait au cultivateur sobre et laborieux
une honnête existence, et lui conservait son
indépendance. Le climat influe encore sur son
caractère, puisqu'il soutient à la fois sa
force et son énergie, sans lui donner de la
rudesse.

Le Béarnais supplée par son industrie à
ce que le sol lui refuse : la nécessité et l'ha-
bitude de parler et de se mêler d'affaires,
rendent le paysan très-adroit dans celles d'intérêt. Sa principale ressource, surtout dans
les vallées, est dans le nourrissage des bestiaux, et dans le commerce qu'il en fait dans
l'intérieur et avec l'Espagne.

L'idiome du pays est un composé du celte,

du latin et de l'espagnol : il est agréable,
expressif, abondant ; il se prête, comme
l'italien, aux accords de la musique et à la
cadence poétique. Il existe des morceaux de
poésies béarnaises, dans le genre pastoral,
dont la beauté et la délicatesse approchent
des Eglogues de Virgile. Le patois est le
langage du peuple, même dans les villes,
quoiqu'il entende assez généralement le français : les personnes instruites le parlent
même assez habituellement entre elles.

Les principaux amusemens des Béarnais
sont la danse, et certains jeux de force et
d'adresse, dans les dernières classes.

L'habillement des paysans est généralement le même dans ses formes : un *beret* de
laine, rond et brun, applati sur la tête, et
assez ordinairement penché sur l'oreille, est
leur coiffure ; dans quelques parties de la
plaine, c'est un chapeau rond. Ils portent
une veste un peu longue, une culotte et des
guêtres de laine, dont la couleur et l'étoffe
varient dans le plat pays, suivant l'aisance
des différens cantons. Les couleurs les plus
usitées sont, le brun, le cannelle, le mor-
doré obscur, et, dans quelques quartiers,
le

le gris. Les pasteurs et les habitans des montagnes s'habillent tous d'étoffes grossières, de la couleur naturelle de la laine; ils se couvrent presque autant pendant les chaleurs de l'été, que pendant les froids de l'hiver.

Les Basques descendent des anciens *Vascons* ou *Cantabres*, et par eux, des *Ibériens*, premiers habitans de l'Espagne. Ils ont occupé une place distinguée dans les fastes de l'antiquité, et furent même redoutés des Romains, lorsque ceux-ci se trouvaient au plus haut degré de leur puissance. Annibal rechercha leur alliance, et dut même à leur courage et à leur intrépidité dans les combats, une partie de ses succès : leur défection décida entièrement la chute du pouvoir de Carthage, en Espagne et en Afrique.

Ce peuple ne fut jamais subjugué ; son amour pour l'indépendance était invincible : il suffisait, pour s'assurer son affection et son appui, de s'annoncer comme le défenseur de la liberté, ou la victime de l'ambition. C'est à ce titre qu'il servit successivement *Viriathus*, les *Numantins*, *Sertorius* et *Pompée*: il montra surtout un enthousiasme héroïque

Basses-Pyrénées.   H

pour la liberté, dans la guerre cruelle que lui fit Auguste.

Il a toujours occupé le territoire qui porte son nom en Espagne ; dans la suite il s'étendit sur le versant et en-de-çà des Pyrénées, et s'y fixa sous le règne de Dagobert premier.

Les Basques français se sous-divisent en trois familles, les *Souletins*, les *Bas-Navarrois* et les *Labourdins* ; ils ont tous la même langue et les mêmes mœurs, ce qui prouve une origine identique.

Leur langue n'a rien de commun avec aucune autre de l'Europe, ancienne et moderne ; elle est, au sentiment de Scaliger et d'autres savans, abondante, expressive, et doit être regardée comme une langue mère. Elle est antérieure à tous les établissemens faits en Espagne par les nations étrangères ; quelques écrivains l'ont considérée comme plus ancienne que les langues grecque et latine. A l'imitation de la langue hébraïque, presque tous les noms appellatifs y expriment les qualités et propriétés des objets auxquels ils sont appliqués.

Les Basques sont ce qu'ils ont toujours été ; ils ressemblent en cela aux Gallois d'Angleterre, qui ont conservé, comme eux, et leurs usages antiques, et la pureté de la langue de leurs premiers fondateurs : ce sont les deux seuls peuples de l'Europe qui aient donné lieu à cette observation. Ils doivent cette perpétuité de mœurs et de langue, à l'attention qu'ils eurent toujours de ne point se mêler avec les autres peuples, à l'horreur qu'ils avaient pour toute innovation, et pour tout autre culte que le leur; ils le doivent surtout à leur amour pour l'indépendance. De là vient aussi leur prédilection pour les pays montueux et stériles; leur goût particulier pour les habitations isolées, et le plus souvent placées sur un rocher ou une éminence, tandis que les autres peuples aiment à rapprocher les leurs. La liberté leur parut, et plus aisée à défendre dans les montagnes que la nature avait fortifiées, et plus à l'abri des attentats d'un ennemi ambitieux et puissant.

Tels étaient les mœurs et le génie des Cantabres, au sentiment des anciens auteurs; et tels sont encore ceux qui caractérisent les Basques. Ils ont plutôt l'apparence d'une colonie étrangère, transplantée au milieu de nous, qu'une portion de Fran-

çais civilisés, et habitués à vivre sous les
mêmes lois et le même gouvernement. Bra-
ves jusqu'à la témérité, ils ont donné dans
la dernière guerre des preuves éclatantes de
leur courage; ils étaient la terreur des troupes espagnoles : l'expérience néanmoins, en
attestant leur valeur sur leurs foyers, prouve
aussi combien ils répugnent à les quitter (1).

La cause évidente de cet éloignement pour
le service militaire, lorsqu'on les arrache à
leur pays, est dans l'horreur qu'ils ont pour
tout ce qui restreint leur liberté.

Elle est dans leur attachement à leurs
usages, dans l'ignorance presque absolue où
ils sont de la langue française; enfin, dans
leur goût pour la propreté, qu'ils regrettent
de ne pas trouver également à l'armée; car

_____

(1) Depuis la paix avec l'Espagne, ils sont presque
tous en désertion. Les mesures de rigueur, pour les
forcer à rejoindre leurs bataillons, ont été inutiles :
pendant la guerre on les voyait abandonner leurs dra-
peaux par bandes; ils allaient passer plusieurs jours
de suite dans leurs familles, jusqu'à ce que le bruit
d'une attaque les rappelât à leur poste où l'honneur
et le devoir les faisaient voler.

c'est peut-être le peuple le plus propre qu'il
y ait au monde.

Ennemi de la contrainte, le Basque se
roidit contre les menaces et les peines; mais
on peut beaucoup sur lui par la douceur
et la persuasion. Prompt à s'enflammer, facile à s'appaiser; ennemi implacable, vin-
dicatif, extrême dans la vengeance; ami
fidèle, franc et sincère, infiniment porté à
obliger, lorsqu'on sait flatter son amour-
propre; ennemi du repos, laborieux, habituellement sobre et chaste, attaché singulièrement à sa religion et à ses prêtres; voilà
les principaux traits qui le distinguent. D'une
agilité extrême, tout son corps est un mou-
vement perpétuel: Strabon et les anciens auteurs le représentent comme supérieur à
toutes les nations, dès qu'il s'agit d'activité
et d'un coup de main.

Après avoir lutté pendant les jours de travail contre une terre ingrate, il se livre, dans
ceux de fêtes, à la gaieté, aux plaisirs les
plus fatigans: la danse et le jeu de paume
sont ses exercices favoris, et il y excelle. Il
tient singulièrement aux fêtes locales; il s'y
rend de cinq à six lieues : c'est, pour lui,

un supplice difficile à imaginer, d'en être
privé.

On remarque toujours dans le Basque le
même désir de perpétuer la pureté du sang
cantabre; il ne contracte point, ou presque
point d'alliance avec les peuples voisins; s'il
s'en fait quelqu'une, elle est méprisée, et
exposée à des qualifications humiliantes,
dont l'orgueil cantabre aime à s'égayer. Lorsque, sous l'empire du retrait lignager, un
étranger acquérait des immeubles dans le
pays, on voyait toutes les bourses ouvertes
pour laver, par l'exercice du retrait, l'op-
probre du nom *basque*.

Malgré cette idèntité de caractère et de
mœurs des habitans des trois pays basques,
il existe néanmoins entre eux une antipathie
plus ou moins sensible. Hors de chez eux,
on les voit toujours se lier d'une étroite ami-
tié, et se soutenir mutuellement ; d'autres
nuances les distinguent encore.

Les Souletins sont plus rusés et plus astu-
cieux que les autres Basques ; leur moral se
ressent un peu du voisinage des Béarnais.
Les Navarrois passent pour avoir plus de lé-
gèreté dans le caractère. Les Souletins et

les Navarrois vivent plus sobrement, et sont plus simples dans leur extérieur que les Labourdins ; ils s'adonnent plus volontiers à l'agriculture, et nourrissent beaucoup de bestiaux. Les Labourdins ont beaucoup plus de luxe que les premiers : il y a parmi eux plus de gens oisifs, et c'est sans doute par cette raison que les vols y sont très-fréquens, surtout depuis la révolution.

Les Labourdins, plus voisins de la mer, sont en grande partie classés dès leur jeunesse pour le service de la marine, et sont d'excellens marins. On sait qu'ils ont pénétré les premiers dans les mers du Nord, pour y établir une nouvelle branche de commerce inconnue à nos pères (la pêche de la baleine), et que la marine militaire et la marine marchande ne peuvent que se louer de leur intelligence et de leur activité.

Parmi ses qualités, le Basque en a deux qui l'honorent peu; il passe pour être inconstant, et enclin au larcin. Il est vrai que les localités y contribuent ; la stérilité du sol en paraît la principale cause. Son naturel se développe insensiblement jusqu'aux préparatifs et la consommation du délit ; si le

voleur ne l'assaisonne point d'un certain
degré d'adresse et de témérité, loin d'être
plaint, il sera méprisé, loin d'exciter de
l'indignation, il sera le sujet de toutes les
risées.

Un dernier trait achevera de peindre l'orgueil du Basque. Telle est, dans la médio-
crité de sa fortune, l'élévation et la fierté
de ses sentimens, qu'il préfère la mort à
une mendicité oisive, et dès lors déshono-
rante à ses yeux; il aime mieux voler que
mendier.

Son habillement est conforme à ses incli-
nations. Un berret bleu, une veste courte
et rouge, un gilet blanc, des culottes blanches ou de velours noir, forment son habillement. Il porte la jarretière lâche, des
bas blancs, de fil ou de laine, des sou-
liers ou des spartilles de chanvre, un mou-
choir de soie au cou, négligemment pendant sur l'épaule, le tout proprement ajusté.
Tel est le costume de la jeunesse basque
dans les fêtes les plus brillantes; les hommes mariés mettent, les jours de fête, un
habit de drap.

~~~~~~

ARTICLE II.

Lois.

Les hommes à peine réunis en société, sentirent le besoin de se mettre sous l'égide des lois, et chaque peuple s'en donna de particulières. On les distingua sous le nom de *coutumes*, de *lois athéniennes*, recueillies et augmentées par les Romains, et devenues depuis la législation générale de l'Europe.

Chacune des quatre provinces formant le département, avait aussi ses coutumes, toutes à peu près fondées sur les mêmes bases, et consacrant les mêmes principes. Dans leur silence, le *Béarn* et la *Navarre* suivaient le droit romain, la *Soule* et le *Labour*, les anciennes ordonnances des rois de France, et à leur défaut les lois romaines. Nous touchons au moment où un code civil, approprié aux mœurs françaises, et aussi réfléchi que mûrement discuté, fera cesser cette divergence législative pour tous les Français, et comblera un vœu fort ancien. Ces diverses coutumes renferment des dispositions sages, fondées sur le respect des personnes et des propriétés, ainsi que sur les maximes de la plus pure morale. Elles favorisent essentiellement l'autorité paternelle, d'où sont dérivées toutes les autres.

Celles de Béarn et de Navarre obligeaient le fils, vivant dans l'aisance, à nourrir son père, s'il était pauvre. La dernière voulait que le père mariât les filles de préférence aux garçons, et le dispensait de doter celle qui manquerait aux lois sacrées de la vertu. Elle portait la peine de mort contre celui qui, étouffant les premiers sentimens de la nature, maudirait ou battrait son père ou sa mère, son aïeul ou son aïeule. Toutes s'élevaient contre l'oisiveté, mère du vice, en réprimant exemplairement les mendians valides. Elles punissaient aussi très-sévèrement le faux témoignage, la mauvaise foi avérée, l'usure, le viol, le rapt et l'adultère. Celle de Soule atteste le respect des Souletins pour la mémoire des morts.

Par une disposition remarquable encore, et qui honorait les Béarnais, leur coutume rendait un hommage éclatant à la maternité :

elle prohibait toute saisie dans les maisons où
une femme faisait ses couches, pendant dix
jours depuis l'enfantement. Les Béarnais et
les Basques étaient pénétrés de cette vérité,
qu'on adoucit les mœurs en inspirant la sagesse, et que les bonnes lois forment les
bonnes mœurs.

Ces coutumes donnaient à chacun la fa-
culté de disposer, à sa volonté, des biens
par lui acquis; elles déclaraient les héritages inaliénables à la troisième génération.
On ne pouvait les vendre sans l'autorisa-
tion de la justice et sans nécessité reconnue;
le quart seul était disponible. Elles établis-
saient le même principe dans l'ordre des suc-
cessions, et transmettaient les héritages aux
familles, sur la tête des aînés, indistinctement
dans toutes les classes.

C'était une espèce de fidéicommis perpétuel, sauf la légitime qui était réservée aux
cadets, afin, dit la coutume de Béarn, *d'entretenir les maisons dans leur bien-être.* Par
un effet naturel de cette disposition, l'aîné,
dès l'adolescence, s'identifiant avec son père,
dont il devait soutenir la vieillesse, travail-
lait avec ardeur à l'amélioration de son bien,

pour se préparer les moyens de payer en argent les légitimes de ses sœurs; elles servaient à les marier convenablement avec des héritiers d'une fortune à peu près égale à celle de leur frère. Les mâles puînés de leur côté, épousaient des héritières auxquelles ils portaient leur légitime, avec le pécule que le père ou le frère aîné leur avait mis en main, pour les engager à travailler dans la maison jusqu'à leur établissement. Ce secours consistait ordinairement dans une certaine quantité de bestiaux, élevés avec les troupeaux du père ou du frère aîné. Plusieurs des cadets embrassaient le commerce, ou une autre profession, que la plupart allaient exercer en Espagne ou dans les Colonies. Ils y faisaient ordinairement des fortunes qu'ils rapportaient dans le pays, et qui leur procuraient un sort bien plus brillant que celui de leurs aînés.

Tels étaient les usages de ce pays : les habitans y sont encore tellement attachés, que la plupart des pères assurent aux aînés la propriété exclusive de leurs héritages par des ventes simulées, et que dans un grand nombre de familles, les puînés n'ont pas voulu se prévaloir des avantages que leur donnaient les nouvelles lois. On en a vu surtout de nombreux exemples dans les pays basques, où l'on conserve avec une espèce de religion le patrimoine de ses pères dans son intégrité. On y est généralement d'accord sur ce principe, qu'autant la division des grandes propriétés sur un sol fertile peut être favorable à l'agriculture, autant lui est funeste dans cette contrée montueuse et stérile, le morcellement et la division d'un héritage déjà très-borné. Ce principe acquiert l'évidence d'une maxime, si on observe que l'héritage de presque toutes les familles ne consistant que dans une métairie, ne peut s'exploiter qu'en demeurant assorti de terres labourables, de prairies suffisantes pour nourrir les bestiaux nécessaires à la culture, et de *touyàas* pour l'engrais ; que les enfans copartageans seraient dans l'impossibilité de faire valoir leurs lots, et que la subdivision qui s'opérerait à la seconde génération, ferait tomber tous leurs descendans dans l'indigence. Ce résultat serait inévitable en effet, puisqu'obligés de les vendre aux citadins, ceux-ci, avec un peu d'argent, s'empare-

raient insensiblement de toutes les propriétés foncières, et par là les laboureurs
qui furent toujours propriétaires et libres,
deviendraient indubitablement dans la suite
les métayers et les valets de quelques hommes pécunieux.

Les lois actuelles, ainsi contrariées dans
leur but en opérant la dissection des héritages, ne produiraient, en dernière analise, que
la ruine des familles, le décroissement de
l'agriculture, et diminueraient le nombre des
propriétaires, au lieu de le multiplier. Elles
porteraient encore un coup funeste à l'industrie, en retenant sur leurs foyers, par
l'espoir séduisant d'une part plus considérable dans la succession du père, des enfans
qui, sans cet appât, se seraient livrés plus
utilement pour eux et pour l'intérêt général
du pays au commerce et aux arts. Le Corps
législatif est déjà revenu sur les lois des suc-
cessions; peut-être serait-il nécessaire que le
Gouvernement provoquât un nouvel examen
de celles y relatives. Un des plus grands
maux en politique est l'inexécution des lois;
elles sont vicieuses lorsqu'elles sont constamment éludées. Ce n'est pas assez de les voir

sous leurs rapports avec le droit naturel, il faut les considérer encore sous ceux qu'elles ont avec l'agriculture et la morale.

ARTICLE III.

Instruction publique.

Avant la révolution, on trouvait dans le département sept établissemens d'instruction publique. Il y avait un collége à Pau, avec dix ou onze professeurs qui enseignaient le latin, les humanités, la rhétorique, la logique, la physique, la métaphysique, la morale, la géographie et la littérature. Il y avait en outre pour les pensionnaires des professeurs de mathématiques, de dessin, de musique, et des maîtres d'écriture, de danse et d'escrime.

Le second était à Lescar, à 5 kilomètres de Pau; le troisième, à Sainte-Marie, près Oleron (second arrondissement); le quatrieme, à Mauléon (troisième arrondissement); les cinquième et sixième, à Bayonne, et le septième, à Laressorre, dans le ci-devant Labour (quatrième arrondissement). A ces différens établissemens a succédé l'école centrale, insuffisante pour les remplacer, si l'on considère surtout l'extrême différence de l'idiome basque avec la langue française, le peu d'instruction de ces familles presqu'étrangères sur notre territoire. On remarque une grande différence dans l'instruction entre les Béarnais et les Basques. Ces premiers ont, au moral, la même agilité que les Basques ont au physique; ils savent presque tous lire et écrire, même les laboureurs.

Il existe dans presque toutes les communes des instituteurs qui donnent les premiers principes de l'écriture et de l'arithmétique; mais la vivacité d'esprit propre aux Béarnais, est un obstacle à leurs progrès dans l'instruction. Fiers des avantages que la nature leur donne, l'étude et la méditation leur deviennent pénibles : ils effleurent tout, et ne suivent rien. Il est aussi commun de trouver ici des hommes spirituels, que rare d'y trouver des hommes instruits. On peut dire du Béarn en général, qu'on y est lettré,

et

et que l'esprit y est plus commun qu'on ne semblerait devoir l'attendre dans un pays aussi éloigné du centre de la France, et aussi voisin de l'Espagne.

Il n'en est pas de même des Basques, chez lesquels rien n'est plus rare que de savoir lire et écrire. Ils ne parlent et n'entendent que leur propre langue; voilà le grand obstacle à la propagation des lumières dans cette contrée, où c'est déjà avoir beaucoup fait, que d'avoir appris le français. Ce n'est que dans la classe aisée, qui peut envoyer ses enfans dans des maisons d'éducation, qu'on trouve des citoyens instruits; ils sont même en petit nombre, soit qu'ils manquent de goût pour la culture des belles-lettres, soit qu'il y ait dans le pays peu de familles en état de fournir à la dépense qu'exige une bonne éducation.

Si, d'un côté, la révolution a réveillé dans les Français le sentiment de la liberté, et développé le talent et le génie de beaucoup d'hommes, d'un autre, la guerre, l'anéantissement des colléges et les dissensions civiles, ont singulièrement nui aux progrès de l'instruction publique.

Basses-Pyrénées.   I

Celle qu'on reçoit dans les écoles centrales
s'est ressentie de l'incertitude du nouveau sys-
tème, et de celle même de son existence : il
y a néanmoins de l'émulation à celle de Pau,
et l'on y obtient des succès; la jeunesse y
montre en général une ardeur jusqu'à présent inconnue. Elle ne peut que s'accroître,
si les professeurs ne restent pas indépen-
dans, si les moyens d'enseignement deviennent plus faciles à obtenir, s'ils sont plus
soignés, et s'ils se trouvent désormais sous la
responsabilité immédiate d'un supérieur.

La ville de Pau renferme un immense bâtiment consacré à l'instruction publique, et
qui par son étendue et sa distribution peut
former un des plus beaux établissemens de
la République.

Depuis le commencement de l'école on a
senti l'importance d'y former un pensionnat
tel qu'il existait autrefois, pour assurer et
étendre les avantages de l'éducation, pour
offrir aux parens éloignés une garantie de
la conduite et de l'application de leurs enfans, et y attirer même des élèves espagnols. Ce pensionnat existerait déjà peut-être
sans l'annonce périodique d'une organisation

définitive de l'instruction publique. Des années s'écoulent avec le regret de voir sans exécution un projet aussi essentiellement nécessaire, et aussi généralement sollicité. L'école centrale une fois organisée, et à la tête d'un pensionnat, deviendra le foyer d'une instruction étendue, ainsi que celui des sciences.

La ville de Pau, le seul endroit du département où elles soient enseignées, mérite, par sa position et par les divers établissemens publics qu'elle réunit déjà, de fixer l'attention du Gouvernement dans la répartition de nouveaux lycées. Ceux à établir à Toulouse et à Bordeaux, seraient trop éloignés pour étendre leur influence dans ce département, où il n'y a pas d'ailleurs assez de fortune pour envoyer des sujets dans des cités aussi éloignées.

On ne peut qu'insister ici sur la nécessité de rendre à Mauléon son établissement d'instruction publique. Il serait un grand moyen de *franciser* les Basques, trop en arrière pour les usages, les mœurs, la civilisation, et surtout pour la langue. On pourrait la faciliter chez eux et la rendre plus familière,

I 2

en y envoyant des instituteurs particuliers
du voisinage, qui sussent à la fois le français et le basque, en dotant des garçons et
des filles qui, après s'être absentés pendant
quelque temps, y reviendraient en parlant
bien le français. Il serait essentiel aussi de
ne permettre le culte, dans ces cantons,
qu'aux prêtres qui, sachant bien parler cette
dernière langue, contribueraient à la pro-
pager par leurs leçons et leurs soins : trop
souvent ils se sont opposés à ses progrès,
ainsi qu'à ceux de la civilisation chez les
Basques.

ARTICLE IV.

Du climat et de la température du dépar-
tement, leur influence sur la vie des
hommes.

Le département des Basses-Pyrénées, situé, comme nous l'avons déjà dit, entre le
42e. et le 43e. degré, devrait être un des plus
tempérés de l'Europe, un des plus chauds

de la République : il ne devrait pas différer
du climat justement vanté des autres parties
de la France méridionale. Plusieurs causes
concourent néanmoins à y modifier la température, et à la rapprocher de celle des départemens du nord, soit en changeant par-
tiellement l'ordre des saisons, soit en faisant
succéder trop habituellement des jours froids
à des jours chauds, et *vice versâ*, soit enfin
en faisant éprouver les quatre saisons dans
un jour.

Ces variations disparates, aussi nuisibles
à la santé qu'à l'agriculture, rendent surtout les convalescences plus longues, plus
dangereuses ; elles détruisent la presque totalité des récoltes. Ces funestes effets doivent se rapporter, 1º. à la proximité et à la
hauteur des Pyrénées, autant qu'aux neiges
qui les couvrent ; leur chaîne se trouvant au
midi du département, rafraîchit constamment les vents du sud, toujours chauds dans
les autres climats ; 2º. à l'abondance des eaux
qui, offrant dans une infinité de sources,
de marais, de grandes rivières et de ruisseaux, une très-grande surface au calorique,
diminue considérablement la chaleur ; 3º. à

l'inclinaison du terrain du nord-ouest, qui disperse les rayons solaires sans réverbération; 4°. au changement fréquent des vents du sud au nord, par l'ouest, ainsi qu'au voisinage de l'Océan.

Depuis la fin de nivôse jusqu'en ventôse, le sud, qui règne constamment, change l'hiver en printemps. Le passage subit du plus grand froid à une température plus élevée, est très-nuisible aux vieillards et aux valétudinaires, qui meurent en partie pendant les premiers jours du dégel. Les maladies d'ailleurs sont assez rares dans le cours de cette température, qui malheureusement hâte trop la végétation.

Le vent d'ouest succède périodiquement au vent du sud; il souffle presque sans interruption depuis le mois de ventôse jusqu'à la fin de prairial, et accumule dans nos contrées toutes les vapeurs de la mer. Le vent revenant quelquefois au sud, ramène bien quelques beaux jours; mais l'abondance et la continuité des pluies du printemps, pendant lesquelles la végétation fait trop de progrès, accroissent les désastres et l'insalubrité. A cette époque, les vents passent par intervalles au nord ; mais les gelées qu'ils procurent, détruisent les fleurs et les fruits précoces.

Les maladies catarrheuses sont très-fréquentes pendant toute la durée de cette température.

Les vents de nord et de nord-est dominent dans l'été et pendant l'automne : ils sont ordinairement légers et interrompus par une longue suite de jours calmes, et par des bouffées de vent de sud.

Ces vicissitudes causent des transpirations arrêtées, qui donnent une infinité d'autres maladies. L'évaporation fait alors des progrès rapides, dessèche les eaux stagnantes du Pont-Long, et amène des vapeurs insalubres et malfaisantes, qui donnent lieu principalement à des fièvres intermittentes et rémittentes, lesquelles dominent pendant l'automne.

Aussi voit-on très-peu de centenaires dans ce département, où les pluies trop continuelles, le changement habituel dans l'at-

mosphère et les parties frigoreuses dont les
vents sont surchargés, causent beaucoup de
maladies. Le seul moyen de les diminuer et
d'assainir l'air, serait de se couvrir toujours
de manière à entretenir continuellement la
transpiration, et de défricher la fameuse lande
du Pont-Long. On rendrait par ce moyen
un terrain immense à l'agriculture, en donnant un libre cours à une infinité de ruisseaux
qui n'en ont aucun, ainsi qu'à une quantité
d'eaux stagnantes qu'ils alimentent.

Les hémorroïdes sont très-fréquentes dans
les environs de Pau, et c'est l'usage des vins
du pays, trop chargés de principes spiri-
tueux, qui les causent. Le remède contre
cette incommodité, qui occasionne quelquefois des accidens graves, est tout simple, et
s'indique de lui-même.

On remarque aussi que dans la partie de
Narcastet et de Nay, les hommes, et surtout
les femmes, sont sujets aux goîtres. La glande
thiroïde devient si considérable chez quelques-unes, qu'elle excède la grosseur de la
tête. Les causes de ce genre de maladie
sont, les eaux trop crues, indigestes, et

chargées de matières séléniteuses. Dans l'été, lorsque ces femmes, échauffées par le travail, veulent se rafraîchir, l'eau chargée de ces principes malfaisans occasionne une astriction trop forte à la gorge, d'où résulte la stagnation des fluides dans la glande et l'engorgement, qu'il est souvent impossible de résoudre. Le moyen de s'en garantir serait de ne pas boire froid, ou du moins de corriger l'eau en la faisant bouillir, et en y ajoutant des substances propres à la rendre plus savonneuse.

Il est à regretter que les médecins, les physiciens et les chimistes ne nous aient pas fourni jusqu'à ce jour une suite d'observations sur les moyens d'éviter ou de diminuer les maladies provenant de l'insalubrité de l'air, des variations trop habituelles de l'atmosphère, des pluies trop fréquentes et trop prolongées, des chaleurs imprévues et trop fortes. On ne s'est point assez arrêté jusqu'ici à l'influence de ces causes premières d'une grande partie de nos maux. Espérons que ce siècle, destiné à agrandir le cercle des connaissances humaines, à hâter le progrès des sciences et des arts, ne sera pas moins remarquable par ses recherches et ses succès dans l'art de prolonger la vie, et dans celui plus précieux encore de soulager l'humanité souffrante !

Le préfet du département des Basses-Pyrénées,

Signé, SERVIEZ.

Extrait du procès-verbal du conseil général du département des Basses-Pyrénées. (Session de l'an 10.)

DÉFRICHEMENS.

Dans la Statistique de ce département, on exprime le désir du défrichement entier d'une lande immense appelée vulgairement *Pont-Long*, dont la plus grande partie appartient à la vallée d'Ossau, avec des restrictions qui la soumettent à des usages réglés en faveur des communes voisines.

Sans doute il est à désirer que des parties de cette lande soient mises successivement en culture, et déjà ce vœu s'accomplit. La partie du Pont-Long qui est bornée par la ville de Pau, est cultivée dans le rayon d'une demi-lieue. Les progrès de cette culture ont été assez rapides depuis trente ans.

Mais les étrangers qui n'ont pas suivi de près nos procédés d'agriculture, se trompent quand ils pensent que les terres nouvellement défrichées dans le Pont-Long et dans le reste du Béarn, n'ont besoin ni de marne, ni d'aucun engrais pour produire du froment ou du maïs dans les premières années de leur fécondité. Les terres du Pont-Long, froides et légères, ont besoin du mélange de la marne, qui elle-même ne peut point se passer de fumier. Si, dans les environs de Pau, on a obtenu sans marne de belles productions, c'est qu'on y a suppléé par des décombres que l'intérieur de la ville a fournis, et par tous les genres d'engrais qu'elle procure en abondance aux terres qui l'environnent.

Dans la partie opposée du Pont-Long se trouve une lisière de terres cultivées au pied des coteaux, parce que là le cultivateur est près de la marne, et que, par ce moyen, la couche profonde de terre du Pont-Long devient très-productive.

Mais au milieu de cet espace, la culture demanderait des avances sans proportion avec les produits présumés. Cette partie du Pont-Long paraît plus destinée, par la nature, à des pâturages.

F I N.

www.ingramcontent.com/pod-product-compliance
Lightning Source LLC
Chambersburg PA
CBHW052207270326
41931CB00011B/2258